Helen Sibum
Leben trifft Sterben

»*Falls der Tod aber gleichsam ein Auswandern ist,*
von hier an einen anderen Ort,
und wenn es wahr ist, was man sagt,
dass alle, die gestorben sind, sich dort befinden,
welch ein größeres Gut gäbe es wohl als dieses?«

– Platon, Apologie des Sokrates –

Helen Sibum

Leben trifft Sterben

Geschichten einer Reise

Titelabbildung:
Zentrum für Palliativmedizin der Kliniken Essen-Mitte,
gezeichnet von der damals 9 Jahre alten Nadine (siehe S. 160)

1. Auflage August 2013

Satz und Gestaltung:
Klartext Medienwerkstatt GmbH, Essen

Umschlaggestaltung:
Volker Pecher, Essen

Druck und Bindung:
winterwork, Borsdorf

ISBN 978-3-8375-0909-0

www.klartext-verlag.de

Inhalt

Ein paar Worte
vor der Reise

Bücher sind schweres Gepäck. Wer beim Check-In am Flughafen dem strafenden Blick der Frau hinter dem Schalter entgehen will, tut gut daran, nicht allzu viele dabei zu haben. Insofern klingt es vielleicht abwegig, ein Buch machen zu wollen, das die Last mindert, das den Rucksack ein wenig leichter werden lässt. Wir versuchen es trotzdem.

Wenn heute davon die Rede ist, dass jemand »seine letzte Reise antritt«, dann geht es in der Regel um ein Begräbnis. Dabei fängt die letzte Reise viel früher an. Sie beginnt in dem Moment, in dem eine tödliche Krankheit diagnostiziert wird, in dem ein Unfall jemanden mit irreparablen Schäden zurücklässt, oder in dem klar wird, dass die Kraft eines alten Menschen nicht mehr ausreicht, um das Ruder noch einmal herumzureißen. Von dieser Gabelung bis zum Ende des Lebens liegt noch ein gutes Stück Weg vor uns, eigentlich eine ganze Reise. Diese Reise fühlt sich nicht wohlig weich an wie Sandstrand unter nackten Füßen, sie ist nicht von so ungetrübter Entdeckerfreude wie der Aufstieg nach Machu Picchu, und nicht so heiter-gesellig wie ein Segeltörn im Kreise alter Freunde. Aber sie kann ein bisschen von all dem sein.

Tatsächlich haben Sterben und Reisen viel gemeinsam. Wie das Sterben erfordert das Reisen Mut, denn es bedeutet Ungewissheit.

Was erwartet uns hinter der nächsten Ecke, welche Begegnung, welche Herausforderung? Was der Reisende erlebt, lässt sich nur begrenzt planen – man kann Weichen stellen, und bleibt doch immer Ergebener der Umstände. Reisen bedeutet zudem, den Alltag zurückzulassen und ihn mit anderen Augen zu betrachten, aus der Distanz. Vor allem aber: Jede Reise ist einzigartig. Niemand wird sie jemals ganz genau so wieder machen, niemand kennt all die Bilder, Gedanken und Gefühle, die sie erzeugt.

Es gibt unzählige Berichte über die erste Etappe des menschlichen Lebens, aber deutlich weniger über die letzte. Die ersten Monate eines neugeborenen Kindes, die Erfahrungen seiner Eltern und Geschwister – all das ist Gegenstand vieler und gern erzählter Geschichten. Auch das Interesse für das Ende des Lebens scheint in jüngster Zeit gewachsen zu sein, im Vordergrund stehen dabei jedoch meist formale Dinge oder das, was nach dem Tod kommt. Es geht um Patientenverfügungen und die Diskussion über Sterbehilfe, um Trauerbegleitung und den Wandel in der Begräbniskultur. Wo bleibt da das Sterben selbst, das zwar das letzte Kapitel vor dem Tod ist, aber immer noch Teil der großen Erzählung namens Leben? Das genau so viele Facetten kennt wie das Leben, das Stunden tiefster Dunkelheit ebenso mit sich bringt wie Momente von Zuversicht, Zufriedenheit, vielleicht sogar Glück? Wie gelingt nach der Kunst des Lebens auch die Kunst des Sterbens? Unsere Gesellschaft, die sich als besonders fortschrittlich betrachtet, hat offenbar besonders viel Nachholbedarf, wenn es um die *ars moriendi* geht. Auch Kunst im wahrsten Sinne des Wortes wird deshalb auf den folgenden Seiten eine Rolle spielen. Wo begegnet uns der Tod in Kunst und Kultur? Was sagen die Bilder eines Abschieds, wie der Fotograf Knut Wolfgang Maron sie über Jahre von seiner Mutter machte, über Achtsamkeit?

Dieses Buch will kein Ratgeber sein, das wäre anmaßend. Es will das Sterben auch nicht beschönigen – bei aller Gemeinsamkeit bleibt der fundamentale Unterschied zwischen der letzten Lebensreise und der Reise in fremde Länder immer noch der, dass die Entscheidung zu letzterer üblicherweise freiwillig ist. Dieses Buch soll ein Kompass sein, das schon. Ein Kompass, der gefüttert ist mit Reiseberichten und der in unterschiedliche Richtungen ausschlagen kann, je nachdem, wer ihn zur Hand nimmt. Reisende selbst und ihre Weggefährten haben uns teilhaben lassen an den vielen Geschichten, die das Sterben schreibt. Betroffene, Angehörige, Ärzte, Pfleger, Seelsorger und ehrenamtliche Begleiter, die meisten aus dem Umfeld des Zentrums für Palliativmedizin der Kliniken Essen-Mitte, haben wir gebeten, uns ihre Erfahrungen zu schildern mit dem, was Reisen ausmacht: Aufbruchsstimmung, Lebenslust, Sehnsucht, Neugierde, Gelassenheit, Kreativität, Durchhaltevermögen, Intuition, Toleranz, Aufmerksamkeit, Fantasie, Kampfesmut, Verlässlichkeit, Entgegenkommen, Weitblick, Entschiedenheit, Umsicht, Offenheit, Eigensinn, Akzeptanz, Ankommensfreude. Wo es nötig war, haben die Reisenden neue Namen bekommen.

Entstanden sind Geschichten über das Sterben, in denen das Leben tobt, und zwar aufs Allerschwerste. Wir würden uns freuen, wenn das Buch dennoch hier und da den Weg ins Gepäck findet.

Gute Reise.

Reiseberichte

Aufbruchsstimmung

» Als ich Miriam und ihre Mutter kennenlernte, war Miriam gerade mit den Abiturprüfungen fertig und wollte sich aufmachen ins Leben. Sie hatte sich an mehreren Universitäten beworben, wollte bei den Eltern ausziehen, sich eine WG suchen. Vorher sollte es noch in den Urlaub gehen. Sie hat oft von ihrer Clique erzählt, ihren Freundinnen. Zusammen wollten sie in den Süden.

Ihre Mutter war damals schon seit Jahren schwer krank, hatte viel Zeit im Krankenhaus verbracht. Nun kam sie zum Sterben nach Hause. Für Miriam war es selbstverständlich, sie zu pflegen und sich um alles zu kümmern. Sie hatte schon vorher einen großen Teil der Aufgaben ihrer Mutter übernommen, hat gekocht, gewaschen, gebügelt. Der Vater war selbstständig, er hat zwar von zu Hause aus gearbeitet, war aber durch seinen Beruf sehr eingespannt. Miriams älterer Bruder lebte nicht mehr bei den Eltern. Wenn er frei hatte,

Wie sage ich's dem Kind? Diese Frage stellt sich unweigerlich, wenn jemand in der Familie schwer erkrankt. Kirsten Becker ist Heilpädagogin und betreut an den Kliniken Essen-Mitte das Projekt »Schwere Last von kleinen Schultern nehmen«. Sie berät betroffene Eltern und begleitet deren Kinder – egal, ob es sich um Dreijährige handelt oder um Jugendliche an der Schwelle zum Erwachsensein. Den Eltern empfiehlt sie in jedem Fall Offenheit. »Kinder können auch unsichere Eltern ertragen. Was sie nicht ertragen können, ist das Gefühl, ausgeschlossen zu sein.«

kam er immer mal wieder für ein paar Tage vorbei, um zu helfen. Außerdem gab es Unterstützung der weiteren Familie, aber hauptsächlich war es Miriam, die die Mutter betreute und den Haushalt führte. Sie wollte ihre Mutter nicht allein lassen, wollte weiter für sie sorgen – obwohl sie eben eigentlich damit beschäftigt war, sich einen Studienplatz zu suchen, feiern zu gehen, all diese Dinge. Sie hing so dazwischen.

Auch ich selbst war damals in einer Art Aufbruchsstimmung – für mich war diese Begleitung eine meiner ersten. Ich war gespannt, was mich erwartet, worauf ich mich einlasse. Über das Krankenhaus hatten Miriams Eltern von der Betreuung für die Kinder von Sterbenden erfahren, und sie waren sehr interessiert. Ein Seelsorger war ebenfalls in der Familie, als Wegbegleiter für die Mutter. Auch der Vater wollte sich jemanden suchen.

Miriam und ich haben uns jede Woche einmal getroffen und sind spazieren gegangen. Sie wollte einfach raus und hat es genossen, mal nicht zu Hause zu sein. Wir hatten eine bestimmte Strecke, ungefähr eine Stunde waren wir unterwegs. Wenn es Miriam nicht gut ging, haben wir uns bloß auf eine Bank gesetzt und geredet. Wir haben überlegt, wie sie ihrem eigenen Weg folgen und gleichzeitig der Verantwortung für die Mutter gerecht werden kann, die sie unbedingt übernehmen wollte. Wie konnte sie dieses Stück Freiheit, das sie als 18-Jährige brauchte, beibehalten – und trotzdem mittragen, was zu Hause passierte? Aus diesen Gesprächen sind lauter kleine Ideen entstanden, simple Hilfen für den Alltag. Miriam hat einen Plan erstellt, wer sich wann um die Mutter kümmert und wann sie selbst frei hat. Eine Klingel wurde installiert, damit nicht nur Miriam hört, wenn die Mutter etwas benötigt. Sie hat Lösungen entwickelt, um ein bisschen unabhängiger zu sein. Sie wusste genau, was sie wollte.

Natürlich hatte Miriam auch mal Tiefs, diese Aufbruchsstimmung war nicht pausenlos spürbar. Doch selbst in kritischen Phasen sprang immer etwas in ihr an, was sie Auswege suchen ließ. Wie sieht der

Wochenplan aus? Wen kann ich noch als Helfer dazu holen? Können Tante und Onkel an diesem oder jenem Tag das Mittagessen machen? Lässt es sich einrichten, dass ich am Samstagabend ausgehe? Das alles hatte Miriam im Blick. Sie hat diese Zeit nicht nur als belastend empfunden, sondern auch als etwas, was sie stärkte. Sie war stolz darauf, dass sie Kochen gelernt und den Haushalt so gut im Griff hatte.

Klar, dass dabei unterschiedliche Bedürfnisse und Vorstellungen aufeinander prallten. Als die Mutter nach so langer Zeit aus dem Krankenhaus nach Hause kam, brachte sie sich plötzlich ein in den Ablauf, den die Tochter sich erarbeitet hatte. Solche Konflikte wurden in der Familie jetzt aber nicht mehr ausgetragen, der Vater hat seine Frau immer schützen wollen. Dass sie mit ihren Eltern nicht streiten konnte wie früher, das hat Miriam sehr belastet. Die offene Auseinandersetzung war ihr wichtig.

Schwierig war auch die Sache mit dem Abi-Ball. Die Ärzte hatten es möglich gemacht, dass die Mutter an diesem Abend mitkommen konnte. Alle haben gesagt: ›Das ist bestimmt toll für dich, dass deine Mutter dabei sein kann!‹ Für Miriam aber war's gar nicht so toll. Sie hatte Angst davor, dass es ihrer Mutter plötzlich schlechter geht, dass sie nach Hause gebracht werden muss und sich alle nur noch um sie kümmern. Dabei war es doch eigentlich ihr, Miriams Tag! Ich fand es bemerkenswert, dass sie das erkannt und sich damit auseinandergesetzt hat. Letztlich ist alles gut gegangen.

Diese Spazier-Runde, die wir beide einmal pro Woche gedreht haben – das passte immer genau. Am Ende hatte Miriam alles angesprochen, was sie loswerden wollte, und uns sind immer noch zwei oder drei Dinge eingefallen, mit denen sie sich selbst etwas Gutes tun konnte. Sie hat viel Sport getrieben, ist tanzen gegangen. Wir haben bei diesen Spaziergängen auch nach Möglichkeiten gesucht, wie Miriam sich abgrenzen kann. All das passierte ja nicht im Krankenhaus, wo man irgendwann wieder geht – es spielte sich zu Hause ab, war immer da. Miriams Zimmer lag auf der gleichen Etage wie das

Wohnzimmer, in dem die Mutter untergebracht war. Wenn Miriam ihre Tür aufmachte, stand sie beinah direkt vor dem Krankenbett. Sie brauchte deshalb die Gewissheit: Wenn ich in meinem Zimmer bin und Musik höre, dann ist das ein geschützter Raum. Alles andere bleibt außen vor.

Im Laufe der Zeit hat sich auch Miriams Sicht auf die Tatsache verändert, dass ihre Mutter zu Hause sterben würde. Zunächst hatte sie panische Angst davor, dass dieser Ort sie für immer an den Tod erinnern könnte. Die Furcht ist irgendwann verschwunden, diese Vorstellung gehörte für sie nun dazu. Sie hat außerdem ein neues Verhältnis zu ihrem Vater entwickelt. Die beiden haben zusammen weinen können, was vorher nicht unbedingt denkbar war. Miriam ist klar geworden, dass ihr Vater eine völlig andere Perspektive hat als sie selbst in ihrer Tochterrolle, dass er seine Frau verliert, seine Lebenspartnerin. Sie hat ihm gegenüber eine große Verantwortung gespürt, ihre Mutter zu begleiten. Und der Vater hat später besser verstanden, was die Tochter da alles erlebt hat – auf der einen Seite dieses Loslassen und auf der anderen Seite die intensive Betreuung. Ich glaube, er war stolz auf sie. Ich selbst habe mit den Eltern nur ein einziges Mal gesprochen, ganz am Anfang. Ich war ja für die Tochter da.

Es waren ungefähr drei Monate, die wir miteinander verbracht haben. Nach dem Tod ihrer Mutter hat Miriam sich noch ein einziges Mal mit mir getroffen. Sie hat sich bedankt für die Wegbegleitung und unsere Geschichte an diesem Punkt beendet. Sehr aufgeräumt habe ich sie bei dieser letzten Begegnung erlebt. Sie hatte inzwischen einen Studienplatz in einer anderen Stadt, nur die Wohnung fehlte noch.«

Lebenslust

» Es gab bei diesem Patienten zwei Dinge, die ungewöhnlich waren: Zum einen war da die Sache mit dem Fitnessgerät, zum anderen seine Liebe zu Nackenkoteletts. Beides ist mir in Erinnerung geblieben, weil es zeigte, was für eine unheimliche Lebensfreude dieser Mann bis zuletzt spürte.

Zunächst muss ich sagen, dass ich es bei meiner Arbeit als Palliativmediziner selten mit Lebenslust, sondern in erster Linie mit Lebensunlust zu tun habe, da darf man sich nichts vormachen. Bei den meisten Patienten überwiegt die Verzweiflung, die Angst vor dem Abschied. Sie wollen noch nicht gehen, weil eigentlich gerade alles viel zu schön ist und sie ihre Krankheit als Ungerechtigkeit empfinden. Andere, vor allem Ältere, begegnen mir mit der Haltung: Ich habe mein Leben gelebt – jetzt ist es auch gut, wenn es vorbei ist.

Bei diesem Mann war das anders, obwohl er schon über 70 war und an einem Pankreas-Karzinom litt. Eine solche Erkrankung führt normalerweise binnen kurzer Zeit zum Tod. Er aber hat relativ lange überlebt, fast drei Monate habe ich ihn immer wieder zu Hause

*Als der Mann starb, war **Dr. Martin Dreyhaupt**, Oberarzt am Zentrum für Palliativmedizin der Kliniken Essen-Mitte, nicht im Dienst. »Ich bedaure, dass ich seinen Totenschein nicht ausfüllen konnte. Das hätte ich gerne gemacht. Ich glaube, seine Frau und ich hätten uns dabei anschauen und lächeln können.«*

betreut. Er hatte eine sehr liebe Frau und viele Enkel. Die Kinder ließen sich nie vor die Tür schicken, auch nicht, wenn es ihrem Opa schlecht ging. Am Anfang hatte er starke Schmerzen, wir konnten ihm aber schnell Linderung verschaffen.

Er war ein sehr körperbetonter Mann, hatte sein ganzes Leben Sport getrieben und an sich gearbeitet. Als er nicht mehr laufen konnte, nahm er seine Hanteln mit ins Bett und machte dort weiter. Er lag mir ständig in den Ohren mit diesem neuen Fitnessgerät, das er unbedingt haben wollte: eine Art Fahrrad für die Arme, mit dem er im Bett hätte trainieren können. Er schimpfte immer, weil dieses Teil nicht geliefert wurde. Einmal kam sogar eines, es war aber das falsche, dafür hätte er aufstehen müssen. Selbst als wir uns über seinen nahenden Tod unterhielten, hat er mich gefragt, ob ich mich noch mal dahinter klemmen könnte, dass er endlich dieses Gerät bekommt. Klar, habe ich gesagt, ich kümmere mich darum.

Natürlich hätte ich ihm auch sagen können, dass er selbst mit noch so viel Krafttraining nicht mehr auf die Beine kommen wird. Dass das keine Sache ist, die mit Sport zu tun hat, sondern dass der Tumor an seinem Körper zehrt und alle Energie aus den Muskeln nimmt. Das wäre bei ihm völlig falsch gewesen. Er hätte es wahrscheinlich verstanden, aber es hätte ihn umgehauen. Dieser Mann war so voller Lebensfreude, dass er nicht viel über den Tod reden wollte. Was wir dann auch nicht getan haben. Obwohl ihm klar war, was passieren würde. Und mir war klar, dass es ihm klar war.

Die Frage, was man einem Sterbenden wann und wie erzählt, ist immer schwierig zu beantworten. In seinem Fall haben die Krankenschwestern oft gedrängt, wir müssten ihm jetzt mal sagen, dass es zu Ende geht. Sie hatten Sorge, dass er sich zu viel Hoffnung macht und irgendwann in ein tiefes Loch fällt. Das hätte passieren können, wenn man ihm nicht zwischendurch reinen Wein eingeschenkt hätte, in kleinen Dosen. Wir haben durchaus zwei oder drei sehr ernste Gespräche geführt, in denen ich ihm gesagt habe, dass er nicht gegen

Windmühlen kämpfen muss und dass er nicht enttäuscht sein soll, wenn es nicht besser wird. Manchmal sind Gespräche aber auch gar nicht nötig, damit jemand begreift, wie es um ihn steht. Oft sind es eher die Gesprächspausen, die Gewicht haben. Wenn der Patient fragt: ›Ist es so, wie ich denke?‹, antworte ich mit den Augen. Auch bei diesem Mann war alles gesagt, mit und ohne Worte. Mancher konnte trotzdem nicht begreifen, dass wir ihm die Hanteln lassen und damit die Illusion, er könne noch etwas aus sich herausholen, seinen Zustand verbessern. Diese Körperlichkeit, das war für ihn ganz wichtig.

Hinzu kam, dass er bis zuletzt einen ungewöhnlich guten Appetit hatte. Seine Frau hat immer gekocht, und er hat ihr Essen geliebt, ganz besonders die Nackenkoteletts, die waren absolut sein Ding. Wir haben uns oft darüber unterhalten, was ein gutes Nackenkotelett ausmacht, wo das Fleisch herkommen sollte, wie es zubereitet, wie es gewürzt werden muss. Es war wirklich erstaunlich: Man konnte schon deutliche Zeichen des baldigen Todes bei ihm erkennen – ein Rasseln in der Atmung, wenn er schlief, das zunehmend eingefallene Gesicht. Wir Ärzte sehen eigentlich immer zuerst am Gesicht, dass das Ende unmittelbar bevorsteht. Wenn die Nase spitz wird, dann ist klar, dieser Patient kommt in die letzten Tage oder Stunden. Selbst als solche Hinweise schon sichtbar waren, bis einen oder zwei Tage vor seinem Tod, hat er noch mit Freude Nackenkoteletts gegessen.

Nun könnte man sagen: Dieser Mann hat alles total verdrängt. Das glaube ich nicht. Er war nie verzweifelt darüber, dass es nicht geklappt hat, dass er nicht mehr aus dem Bett gekommen ist. Er hat sich bei all dem seine Lebenslust bewahrt und offenbar hat sie ihn gegen Enttäuschungen gewappnet. Mich hätte fast gefreut, wenn dieses Fitnessgerät noch rechtzeitig angekommen wäre. Es hätte zu ihm gepasst, beim Training zu sterben. Ob ich ihm erlaubt hätte, sich in seinem Zustand noch anzustrengen? Sicher, denn da geht Lebenslust vor Lebenszeit. Und Lebenslust ist leider selten. Die meisten trainieren nicht mehr, und sie essen auch keine Nackenkoteletts.«

Sehnsucht

» Meine Mutter hatte immer eine Sehnsucht, am Ende ihres Lebens nach Hause zu kommen. Und das ist sie auch, im wahrsten Sinne des Wortes. Nachdem sie gestorben war, hatten wir sie noch zwei Tage bei uns. Sie lag im Wintergarten, während wir nebenan den 21. Geburtstag meines Sohnes gefeiert haben. Einer von uns ist immer mal wieder zu ihr rüber gegangen, so dass sie im Grunde dabei war.

Kurz vorher hatte sie selbst noch Geburtstag gehabt. Der Tag fiel wie jedes Jahr in den Advent und es war Tradition, dass wir gemütlich beisammen saßen und Weihnachtslieder sangen. Auch diesmal gab es ein Kaffeetrinken in großer Runde – meine Mutter hatte sechs Geschwister und vier Kinder, dazu die Enkel. Es war schön, eigentlich wie immer. Dabei war meine Mutter damals schon lange krank, hatte zwei Schlaganfälle hinter sich. Sie hatte ein erfülltes, aber schweres

Roswitha Paas muss man weder vom Leben noch vom Tod etwas erzählen. Hauptamtlich arbeitet sie im Stadtteilbüro des Sozialdienstes katholischer Frauen im Essener Bergmannsfeld, einem Viertel mit schwieriger Sozialstruktur. Mehr Leben geht kaum. Daneben ließ sie sich zur Trauerbegleiterin ausbilden, nachdem sie den Tod ihrer Mutter im Kreis der Familie erlebt hatte. Sie will niemandem vorgeben, wie Sterben und Trauer zu gestalten sind, aber sie hatte das Gefühl, etwas erfahren zu haben, das weiterzutragen sich lohnt.

Leben gehabt und zuletzt manchmal den Wunsch geäußert, dass sie nun lieber sterben würde. An diesem Geburtstag saß sie einfach zwischen uns und strahlte. Nochmal alle um sich zu haben, hat ihr viel bedeutet.

Am Abend, als die anderen gegangen waren, saßen wir beide auf der Couch und schauten uns ein Weihnachtskonzert im Fernsehen an. Ich hatte meine Mutter im Arm und dachte plötzlich: ›Sie lebt nicht mehr lange.‹ Da war auf einmal ein tiefes Gefühl, dass sie mir entweicht. Später im Auto musste ich die ganze Fahrt über weinen. Zu Hause habe ich meine Freundin angerufen und gesagt: ›Ich glaube, die Mama stirbt noch vor Weihnachten.‹ Meine Freundin hielt das für Quatsch – es seien doch nur wenige Tage bis dahin. Am nächsten Morgen bekam ich einen Anruf von meinem Schwager. Meine Mutter hatte in der Nacht einen Hirnschlag erlitten und lag auf der Intensivstation.

Ich habe alle meine Kinder angerufen. Mein ältester Sohn hat zu jener Zeit in einer anderen Stadt gearbeitet, auch er machte sich gleich auf den Weg. Er hing sehr an seiner Großmutter. Im Krankenhaus stand er an ihrem Bett und war ganz unglücklich. ›Ach, Oma‹, hat er gesagt, ›ich wollte doch, dass du bei meiner Hochzeit dabei bist und meine Kinder kennenlernst und all das.‹ Zum Schluss meinte er noch: ›Warte auf mich. Ich möchte so gerne da sein, wenn du stirbst. Ich kann aber erst Mitte Dezember wiederkommen, an meinem Geburtstag, vorher bekomme ich nicht frei.‹

Sie hat tatsächlich gewartet. Am Geburtstag meines Sohnes standen wir alle wieder an ihrem Bett und haben ihm ein Ständchen gesungen. Meine Mutter war eigentlich gar nicht mehr richtig anwesend, und doch hatten wir den Eindruck, dass sie davon etwas mitbekam. Es zog so ein Friede bei ihr ein. Zugleich spürten wir: Sie kann noch nicht richtig loslassen. Mein Sohn ist dann hingegangen, hat sie umarmt und gesagt: ›Komm gut nach Hause, Oma.‹ Sie hat noch mal tief durchgeatmet und ist gestorben. Wir haben uns alle gegenseitig gehalten, haben meine Mutter gehalten, und hatten das Gefühl, wir haben sie heimgebracht. Es war unheimlich tröstlich, dass wir dabei sein durften – so, wie sie es wollte.

Meine Mutter hatte den Wunsch, in einer bestimmten Art zu sterben. Keine Todessehnsucht, sondern Sehnsucht nach einem Rahmen, einer Form. Eine Sehnsucht, richtig Abschied nehmen zu können, so dass das Leben rund wird. Es gibt diesen Ausdruck: ›sich auf den Weg machen‹. Ich hatte an diesem Tag tatsächlich das Gefühl, sie macht sich auf den Weg, da passiert irgendwas. Man tut sich schwer damit, zu sagen: Es war schön. Aber das war schön.

Meine Mutter hat immer offen über den Tod gesprochen, auch über die praktischen Dinge, die zu erledigen sein würden. Sie hat früh eine Liste mit Adressen derjenigen angelegt, die Post bekommen sollten. Sie hatte eine klare Vorstellung davon, wie ihre Todesanzeige aussehen würde. Auch ihre Beerdigung war so, wie meine Mutter eben war. Sie wollte, dass wirklich alle eingeladen werden, alle Cousinen und Cousins, Nichten und Neffen. 120 Leute waren da, es war tatsächlich ihr letztes Fest. Der Raum war angefüllt mit den Geschichten, die sie ausgemacht haben. Meine Schwester hatte kleine Fotos von ihr auf den Tischen verteilt, die waren hinterher alle weg.

Ihre Krankheit hat meine Mutter stark eingeschränkt, sie hat darunter sehr gelitten. Trotzdem habe ich sie nie ängstlich erlebt. Ihre einzige Sorge war, im Krankenhaus zu sterben. Nun ist genau das passiert, aber auf diese Weise war es in Ordnung. Und wir haben sie ja tatsächlich noch mal nach Hause geholt, nach ihrem Tod. Ich hatte gelesen, dass das möglich ist. Der Bestatter war ein Nachbar, er hat gesagt: ›Ich habe so etwas noch nie gemacht, aber wenn ihr es möchtet, dann tun wir das.‹ Im Haus meiner Mutter gibt es einen Wintergarten, den man relativ kühl halten konnte. Den Raum haben wir mit Blumen geschmückt und sie dort aufgebahrt.

So konnte jeder ganz intensiv Abschied nehmen. Wegen des Geburtstags meines Sohnes waren am Wochenende darauf ohnehin alle da. Freunde haben meinen Sohn später gefragt: ›Ist das nicht schrecklich für dich, dass deine Oma an deinem Geburtstag gestorben ist?‹ Er hat immer geantwortet: ›Nee, wieso? Sie hat doch auf mich gewartet.‹ Zu Nikolaus hatte sie ihm noch eine Karte geschrieben: ›Ich freue mich auf deinen Geburtstag.‹

Dass sie nun wirklich dabei war, war für uns alle ein gutes Gefühl – obwohl mancher sich mit der Situation zunächst schwer tat. Mein Schwager wollte nicht, dass seine Kinder ihre tote Großmutter sehen. Die beiden waren damals sieben und neun Jahre alt. Er hat gesagt: ›Behaltet die Oma lieber so in Erinnerung, wie ihr sie kanntet, das wird euch sonst euer Leben lang verfolgen.‹ Wir anderen gingen aber immer ganz selbstverständlich in den Wintergarten und die beiden wollten natürlich auch. Irgendwann habe ich gesagt: ›Ich nehme das auf meine Kappe. Wenn ihr die Oma sehen möchtet, dann gehen wir zusammen.‹ Wir sind Schritt für Schritt hinein, immer ein bisschen mehr. ›Guckt erstmal in Ruhe‹, habe ich gesagt. ›Wenn ihr weiterwollt, gehen wir weiter.‹ Als wir bei ihr angekommen waren, meinten die beiden: ›Die Oma sieht ja aus wie immer.‹ Später haben sie noch Bilder gemalt und sie ihr mitgegeben.

Mit dem Abschied haben wir uns Zeit gelassen, bis wir wirklich das Gefühl hatten: Alles, was sie ausgemacht hat, ist nicht mehr da. Das ist nur noch eine Hülle, der Mensch aber ist überall – im Raum, in uns. Meine Mutter hat früher immer an der Tür gestanden und uns hinterher gewunken, wenn wir zu Besuch waren und abends nach Hause fuhren. Wir haben gar nicht darüber nachgedacht, das kam ganz automatisch: Als ihr Sarg abgeholt wurde, standen wir alle an der Tür und haben gewunken.«

Wie fühlt es sich an, zurückzublicken und
zu wissen: Was man sieht, ist bereits das
ganze Leben gewesen? Dieser junge Mann
kennt die Antwort in diesem Moment in
einem Zug, von dem wir nicht sagen können, woher er kommt und wohin er fährt.
Dennoch ist es kein zufälliges Bild. Zurück
und nach vorn, nach vorn und zurück – der
junge Mann überlegt sehr genau, wann er
auf den Auslöser drücken muss, um in einem
einzigen Foto alles über sich selbst zu sagen:
Der Blick zurück auf eine lange Leidens-
geschichte, auf anstrengende Therapien, die
nicht halfen. Der Blick nach vorn auf den
nächsten Tag, an dem er wieder mit dem
Gedanken an eine große Liebe erwachen
wird, die er in den letzten Wochen seines
Lebens noch erfährt. Zurück und nach vorn,
nach vorn und zurück – wie ist das möglich, ohne dabei zerrissen zu werden? Dieser
Mann ist ein Künstler.

Neugierde

» Herr Dahlmann war im Großen und Ganzen zufrieden mit seinem Leben. Er hatte seine Herzensanliegen verwirklichen können, war in wichtigen Fragen immer seiner inneren Stimme gefolgt. Dazu zählten vor allem zwei Dinge: Zum einen hatte er die Frau geheiratet, die er wirklich liebte. Er hatte zu ihr gestanden, obwohl seine Eltern von dieser Verbindung nicht besonders angetan gewesen waren. Inzwischen waren er und seine Frau seit Jahrzehnten zusammen, hatten zwei erwachsene Töchter und ein Enkelkind. Zum anderen hatte er den Beruf gewählt, den er sich zutiefst gewünscht hatte, nämlich den des Lehrers. Deutsch und Geschichte hat er unterrichtet. Er war aufgeschlossen für neue Horizonte, andere Menschen. Er war jemand, der gerne mit jungen Leuten umging und nicht zu allem schon eine fertige Meinung haben wollte. Seine Grundhaltung war Neugierde.

Neben seinem Bett im Krankenhaus lagen immer ein paar Sachen, die für ihn von Bedeutung waren. Dazu gehörte die Zeitung, die

Uwe Matysik ist Krankenhausseelsorger in der Essener Huyssens-Stiftung. Früher, sagt der evangelische Pfarrer, galt eine solche Stelle als wenig erstrebenswert. Das Leben, zu dem auch der Tod gehört, spielte in den Gemeinden. In Zeiten jedoch, in denen die Zahl der Kirchenmitglieder beständig sinkt und die Gemeinden schrumpfen, hat sich das längst verändert. Gerade im Krankenhaus ist Seelsorge mehr denn je gefragt.

seine Frau ihm jeden Tag mitbrachte und die er von vorne bis hinten durchlas. Daneben standen eine Menge Fotos von der Familie und von Reisen. Eines der Bilder stach heraus – nicht nur, weil Herr Dahlmann es auf dem Nachttisch besonders weit nach vorne gerückt hatte, sondern auch wegen seiner ungeheuren Farbkraft. Es war in Nordafrika aufgenommen worden und zeigte ihn und seine Frau vor einem Sonnenaufgang in der Wüste. Das sei einer der eindrücklichsten Momente seines Lebens gewesen, sagte er.

Die Reise in die Wüste hatten die Eheleute kurz nach Herrn Dahlmanns Pensionierung unternommen – ein lang gehegter Traum. Die beiden hatten viel erwartet und doch waren sie überwältigt von dieser Landschaft, die ja eigentlich ein abweisender, lebensfeindlicher Ort ist. Eine Todeszone. Auf ihrer Reise hatten sie gesehen: Da kann doch etwas blühen, da gibt es Oasen, Tiere, Blumen. Fasziniert hatten sie festgestellt, wie die Menschen der Wüste Lebensraum abtrotzen.

Herr Dahlmann litt bereits mehrere Jahre an Darmkrebs, den die Ärzte einigermaßen in Schach halten konnten. Die neuerliche Diagnose hatte ihn deshalb nicht völlig unvermittelt getroffen, war in ihrer Heftigkeit aber dennoch ein Schlag. Es war ein neuer Tumor entdeckt worden, der ihm nur noch wenige Wochen Zeit geben würde. Wo stehe ich jetzt? Was bleibt von mir? Wie bewerte ich mein Leben? Das waren die Fragen, die ihn fortan umtrieben, auf die er für sich aber zufriedenstellende Antworten fand. Dankbarkeit spielte dabei eine große Rolle. Er hatte Menschen an seiner Seite, die ihn glücklich machten, und er trug keinen Ballast mit sich. Andere stellen vor dem Sterben eine regelrechte Liste auf mit Dingen, die sie noch erledigen müssen, und mit Personen, von denen sie sich verabschieden oder bei denen sie sich entschuldigen wollen. Bei ihm war das anders. Er hatte keine offenen Rechnungen, blickte nach vorn.

Auch deshalb tauchte für ihn immer öfter diese andere Frage auf: Meine Lebensreise geht zu Ende – was könnte noch kommen? Um mögliche Antworten zu finden, beschäftigte er sich auch mit theologischer Literatur. Er war kirchenverbunden und wollte gerne glauben, aber das schwankte. Er hatte keine unerschütterliche Hoffnung, dass nach dem Tod noch etwas kommt, zog die Möglichkeit jedoch in Betracht. Das hebräische Wort für ›Hoffnung‹ im Alten Testament heißt übersetzt ›in Spannung bleiben‹ – wie ein gestrafftes Seil oder ein gedehnter Muskel. Bei ihm war das ähnlich. Er war erwartungsvoll, wissbegierig. Das hörte selbst in seinen letzten Wochen nie auf, auch wenn er manchmal matt und müde war, in sich gekehrt. Zum Ende hin wurde die Erschöpfung immer größer. Er wusste, dass sein Tod unmittelbar bevorstand, und doch kam dieser von Grund auf neugierige Mensch immer wieder heraus aus einem solchen Loch.

Was für eine Reise wichtig ist, sind Orientierung, Wegzehrung und Weggefährten. Weggefährten hatte Herr Dahlmann ohnehin, die Familie war immer für ihn da. Wegzehrung hatte er auch: Liebe. Zur Orientierung gehört, einen offenen Horizont vor sich zu haben. Seine Frau hatte ihm von zu Hause eine kleine Engelfigur mit ins Krankenhaus gebracht und sie neben die Fotos und die übrigen Dinge an sein Bett gestellt. Ein Hoffnungssymbol an der Schwelle, hat sie gesagt.«

Gelassenheit

» m Krankenhaus ist es jetzt ganz ruhig. Meine letzten Emails an Freunde und Bekannte sind geschrieben, gleich lege ich mich schlafen. Morgen früh um 7 Uhr bekomme ich ein Beruhigungsmittel, um 11 Uhr soll ich mit der Operation an der Reihe sein. Wenn alles gut geht, sitze ich bald wieder im Zug und fahre nach Hause. Doch das Risiko ist da. Es kommt, wie es kommt, hop oder top. Ich bin absolut ruhig, habe viel Zeit gehabt, um nachzudenken – über mich und über das, was in den letzten Wochen passiert ist.

Ich bin jemand mit sehr viel Elan und Kontaktfläche, ich begeistere mich schnell für Menschen und genieße den Ruf, immer freundlich und ausgeglichen zu sein, erfinderisch und einer mit Köpfchen. Ich habe sehr viel Liebe gehabt in meinem Leben – schon als Kind, meine Eltern sind sehr herzlich. Ich bin glücklich in meiner Ehe. Fast 20 Jahre sind meine Frau und ich schon zusammen. Klar, es gab immer mal wieder Konflikte, die aber nie etwas kaputt gemacht haben. Wir haben zwei gemeinsame Kinder – Zwillingsmädchen, sie sind 16. Ich habe extrem schöne, erfüllte Jahre gehabt bis jetzt. Ich habe tausende von Büchern gelesen, so viele Prüfungen bestanden, bin so

Ole Rom, Unternehmer, hat die Operation gut überstanden und lebt heute wieder bei seiner Familie in Wiesbaden. Wenige Wochen nach dem Eingriff erlitt er erneut einen leichten Schlaganfall. Wieder konnten die Ärzte ihm helfen, doch die Beschäftigung mit dem Tod wird bleiben.

viele Beziehungen eingegangen und habe so viele Erlebnisse gehabt, die sehr echt sind. Ich habe zig verschiedene Länder und Kulturen gesehen und es gibt eine Menge Menschen auf der Welt, die zu mir stehen. Morgen will ein Freund aus der Türkei für mich beten, auch ein Bekannter in Israel, und meine Nachbarn, die aus Salt Lake City stammen. Ich habe gar nicht danach gefragt, ich bin nicht gläubig, trotzdem finde ich die Vorstellung schön.

Meine Familie stammt aus Dänemark, aber ich bin in Äthiopien geboren. Mein Vater hat bei der Uno gearbeitet. Wir sind vier Brüder – einer davon ist ein Adoptivkind, wir beide sind fast gleich alt. Wir sind in Israel, Korea, Thailand und Ägypten aufgewachsen, schließlich haben meine Eltern uns auf ein Internat in Dänemark geschickt. Nach dem Abitur war ich ein halbes Jahr im Libanon, dann habe ich studiert und in Dänemark als Ingenieur gearbeitet. Die Firma, bei der ich damals beschäftigt war, hat mich immer wieder nach Deutschland geschickt, irgendwann bin ich geblieben. Elf Jahre lang habe ich mich hochgearbeitet, dann hatte ich die Idee, ein eigenes Unternehmen zu gründen. Schnell hatten wir einen guten Umsatz, inzwischen gibt es uns seit zehn Jahren.

Als Kind mochte ich Wikingergeschichten. Diese Typen, ihre Art zu denken, das gefällt mir. Die springen ins Boot und sagen: Wir gehen ins Abenteuer! Die haben dieses Entdecker-Gen und fürchten nur eine einzige Sache – dass der Himmel ihnen auf den Kopf fällt. Wenn bei einem Abenteuer doch mal einer von ihnen starb, dann war das eben Schicksal. Krankheit und Sterben waren bisher wenig präsent in meinem Leben, ich habe früher selten darüber nachgedacht. Das hat sich geändert. Ich kann mich nicht verstecken, der Tod klopft jetzt an.

Es begann mit diesen Kopfschmerzen, die ich oft hatte. Nichts Schlimmes, nur ein leichtes Ziehen. Vor zwei Monaten wurde dann eine Kernspintomographie gemacht. Gleich danach sagte mir die Ärztin, ich hätte ein sogenanntes ›Giant Aneurism‹, ein riesiges

Blutgerinnsel im Hirn. So etwas habe sie noch nie gesehen. Sie gab mir die Adresse einer Klinik und sagte: ›Bitte fahren sie dorthin. Sie müssen sofort operiert werden, ich kann das nicht verantworten.‹ Ich habe meine Frau angerufen und mich mit ihr auf den Weg gemacht. Die Kinder waren völlig durch den Wind und haben die ganze Zeit geweint. Auch ich war ein bisschen beunruhigt.

Vor der Operation sollte es eine Untersuchung geben. Bei dieser Untersuchung hatte ich drei kleine Schlaganfälle. Aus der OP wurde also erstmal nichts, ich bin nach Hause entlassen worden. Wegen der Schlaganfälle konnte ich zunächst nicht mehr ordentlich kommunizieren, mir sind die Worte für die Dinge nicht eingefallen. Das wurde aber schnell besser. Diese Sache hat mir Zeit gegeben, alle Informationen in Ruhe zu analysieren und mir darüber klar zu werden, ob ich eine Operation überhaupt will. Mein Vater sagte: ›Das machst du nicht!‹ Er hatte mich fast so weit. Ich dachte, ich gehe einfach wieder arbeiten, vielleicht wird das Ding in meinem Kopf ja nie platzen. Ich habe einen Arzt gefragt, ob die Operation wirklich nötig sei. Ob es nicht sein könne, dass ich jahrelang in Ruhe mit dem Aneurysma leben werde. Der Arzt hat mir die Aufnahme des Blutgerinnsels einer anderen Patientin gezeigt. Dann gab er mir ein zweites Bild in die Hand und sagte: ›Das ist das gleiche Aneurysma eineinhalb Monate später, bei der Autopsie.‹

Nach diesem Gespräch habe ich recherchiert und Berichte über eine neuartige Operationstechnik gefunden, für die ich mich letztlich entschieden habe. Was die da machen, ist Zauberei. Wenn sie es hinkriegen, die Blutzufuhr zum Aneurysma zu stoppen, haben sie mich geheilt. Es gibt bei dem Eingriff aber zehn Prozent Risiko, die es in sich haben. Der Tod reitet mit.

In der letzten Zeit bin ich ernsthafter geworden. Vorher war ich sehr auf die Firma bedacht. Ich bin viel unterwegs, fahre 60.000 Kilometer im Jahr, schlafe oft im Hotel. Meine Familie und ich haben ein bisschen ein Parallelleben geführt. Nachdem klar war, was mit mir los ist, haben wir unsere alten Familienvideos digitalisieren lassen. Gestern Vormittag kamen die DVDs an. Wenn ich wieder zu Hause bin, ist das erste, was ich mache, sie mir anzusehen. Und ich werde kochen, ich koche für mein Leben gern. In den nächsten Wochen werde ich nicht arbeiten gehen. Ich will einfach nur da sein.

Natürlich mache ich mir Gedanken, wie es wird, falls ich morgen sterbe oder einen schweren Schlaganfall erleide. Hätte ich nicht bessere Vorkehrungen für meine Familie treffen müssen? Wenn ich gelähmt bin und im Rollstuhl sitze, müssten sie sehr viel Aufwand und Kosten tragen. Ich will meiner Frau und den Kindern nicht zur Last fallen, ich war doch immer der Beschützer. Vor dem Tod habe ich keine Angst, aber ich habe Angst davor, ein völlig anderer Mensch zu werden, den ich gar nicht kenne. Ich will keine schlechte Kopie meiner selbst sein. Ich weiß nicht, was meine Frau in diesem Fall machen würde. Im Moment habe ich das Gefühl, sie würde für mich tatsächlich die Krankenschwester auf Lebenszeit spielen, unsere Liebe ist groß genug. Mitfahren nach Essen zur Operation wollte sie nicht. Am Anfang wollte sie überhaupt nicht über all das sprechen, aber nachdem ich die Schlaganfälle hatte, haben wir viel geredet und inzwischen eine große Tiefe erreicht. ›Ich passe schon auf dich auf‹ – das waren ihre letzten Worte heute Morgen am Bahnhof.«

Kreativität

» Hermine begann ihren Tag im Hospiz immer mit einem Viertel-stückchen Brot und einem Glas Sekt. Tagsüber blieb sie beim Sekt und sobald die Sonne unterging, wechselte sie zum Bier. Daneben rauchte sie eine Zigarette nach der anderen. Sie war eine richtige Lebefrau, hatte früher eine Kneipe gehabt, war vier oder fünf Mal verheiratet gewesen. Wenn im Hospiz ein Mitarbeiter zu ihr kam, der etwas zurückhaltender war und nicht recht wusste, wie er mit dieser Frau umgehen sollte, hat sie auch schon mal mit der Faust auf den Tisch gehauen. Schüchternheit war ihr fremd.

Hermine kam in der Adventszeit ins Hospiz und brachte den kitschigsten Plastik-Weihnachtsbaum mit, den ich je in meinem Leben gesehen habe. Das war nicht das einzige in ihrem Zimmer, das ziemlich schräg war. An den Wänden hingen lauter Puzzle, vom Louvre in Paris bis zu Hansi Hinterseer. Den fand sie großartig. Bei Musiksendungen im Fernsehen drehte sie den Ton immer voll auf. Zugleich musste die Zimmertür offen bleiben, weil sie alles mit-bekommen wollte, was auf dem Gang passierte. Als sie noch mobil

Sandra Lonnemann hat 16 Jahre lang im Hospiz gearbeitet. Heute koor-diniert sie die Spezialisierte Ambulante Palliativversorgung (SAPV) in Essen. Wie viele Menschen sie schon beim Sterben begleitet hat, weiß sie nicht. »Ich will es nicht zählen. Wenn man anfängt, Buch zu führen, geht etwas verloren.«

war, hat sie – während sie rauchte, trank und Musiksendungen schaute – ständig gepuzzelt. Später konnte sie es nicht mehr selbst und hat die Mitarbeiter gebeten, ihr zu helfen. Dazu gab es natürlich Sekt. Kurz bevor Hermine starb, sagte sie: ›Mädels, im Kühlschrank ist noch eine letzte Flasche. Die wird erst geöffnet, wenn ich gestorben bin.‹ So ist es dann auch gekommen.

Viele sagen über das Hospiz, es sei das letzte Zuhause. Doch so schön es auch gestaltet ist, es kann nie die eigenen vier Wände ersetzen. Alle Mitarbeiter haben sich trotzdem immer viel Mühe gegeben, für die Betroffenen eine angenehme, würdevolle Atmosphäre zu schaffen, sowohl vor als auch nach dem Tod. Wenn jemand gestorben war, haben wir ihn gebettet und frisch gemacht. Hatte er sich eine bestimmte Kleidung ausgesucht, haben wir sie ihm angezogen. Das Bett wurde meistens mit Blütenblättern verziert.

Als Hermine starb, waren wir ratlos. Wir konnten ihr Bett auf keinen Fall mit Rosenblättern schmücken, das passte überhaupt nicht. Mit Kerzen und solchem Firlefanz solle man sie in Ruhe lassen, das hatte sie uns extra gesagt, als wäre es uns nicht ohnehin klar gewesen. Was taten wir also? Wir nahmen das Puzzle von Hansi Hinterseer von der Wand und streuten die Teile über ihr Bett. Außerdem kam eine Schachtel Zigaretten dazu und ein Kronkorken. Neben das Bett stellten wir den Plastik-Weihnachtsbaum.

Das war ein unglaubliches Bild. Es geht nicht alles in einem Hospiz, aber es geht sehr viel. Als der Bestatter kam, hat er gesagt: ›So was habe ich ja noch nie gesehen, was ist das denn?‹ Wir haben versucht, es ihm zu erklären – was ein bisschen gedauert hat. Am Ende hat er verstanden, warum Hermine diese Dinge brauchte, warum sie mit ihr mitmussten. Sie sind alle in ihren Sarg gekommen.

Hermine hatte offenbar sehr schwere Zeiten gehabt in ihrem Leben. Sie stellte sich vor, dass das, was nach dem Tod auf sie wartet, nur besser sein kann. Ihr Problem war: Was ziehe ich an? Sie trug immer ein fliederfarbenes Strickjäckchen und auch ihre Haare schimmerten durch die Tönung manchmal lila. Sie war keine gläubige Frau, trotzdem gab es für sie im Jenseits nur Schwarz und Weiß. Sie war sich sicher, dass sie zu den ›Weißen‹ gehen würde. Leider war Weiß überhaupt nicht ihre Farbe. Wir haben immer mit ihr herumgealbert und gesagt, dass wir uns gar nicht vorstellen können, wie sie in einem weißen Engelhemd durchs Himmelreich schwebt. So wie ich sie einschätze, wird sie auch dort ihren Willen durchgesetzt haben und Lila tragen.«

Durchhaltevermögen

»Ich weiß noch, dass alle ganz überrascht waren. ›Mit dem hast du gemalt? Das ist doch ein totaler Kopfmensch!‹ Michael war Ingenieur und tatsächlich sehr genau in allem, was er tat. Das galt auch für die Kunsttherapie. Er wollte unbedingt eine Welle malen und es war ihm wichtig, dass das Bild exakt seinen Vorstellungen entsprach – bis ins letzte Detail, bis in den kleinsten Spritzer der Gischt.

Ihm kam zugute, dass er hobbymäßig fotografiert hat und ein gutes Auge besaß. Seine Großmutter hatte gemalt, das hatte ihn immer interessiert, und nun war offenbar der richtige Moment gekommen, es auszuprobieren. An mich richtete er die Erwartung, dass ich es ihm beibringe. Damit konnte ich leider nicht dienen. Ich kann nicht malen wie ein Künstler, und schon gar nicht kann ich es jemandem mal eben beibringen. Wir haben es dennoch zusammen versucht und ich konnte ihm immerhin sagen, welche Technik sich für seine Welle eignet, und ihm hier und da ein paar kleine Ratschläge geben.

Michael hatte Leukämie. Er war einer von denen, die nicht über ihre Krankheit reden wollen. Von der Diagnose war er erschüttert

*Sigrid **Bernard** ist Fachtherapeutin für kreative Psychoonkologie. Als Mittel der Therapie nutzt sie die Kunst – »damit man nicht nur redet«. Viele Bilder, sagt sie, sind in ihrem Kopf untrennbar mit demjenigen verbunden, der sie gemalt hat. »Von Patienten, die nicht malen, kann ich weniger behalten.«*

worden, was er sich aber nicht anmerken ließ. Er war ein eher ruhiger Mensch, wurde nie laut, das konnte er gar nicht. Er hat an diesem Bild sehr lange gearbeitet. Es ging nicht um Ablenkung, da musste etwas raus.

Die Welle hat er aus dem Kopf gemalt. Er hat zuerst einen Grundton aufgebracht, dann noch ein bisschen Grün, hier noch etwas Dunkles, dort noch ein wenig Blau. Immer wieder hat er korrigiert. Er war sehr sorgfältig, was die Schatten angeht. Das Spiel mit Licht und Schatten kannte er vom Fotografieren. Er wusste genau, wie er den Himmel haben wollte. Er liebte schlechtes Wetter – nur Sonne und blauen Himmel, das fand er langweilig. Lieber hat er Wolken gemalt, die am Himmel entlang ziehen. Oder Gewitter. Das Abendrot. Ich glaube, dass er an einen bestimmten Himmel und eine bestimmte Landschaft gedacht hat, vielleicht an eine, die er von Reisen kannte.

Einmal die Woche bin ich bei ihm gewesen. Manchmal wollte er nicht malen, weil es ihm nicht gut ging. Er brauchte wirklich viel Konzentration, hatte Anspruch. Die meisten Patienten malen im Bett, er dagegen ist immer aufgestanden und hat sich an den Tisch gesetzt. Wenn er sich dafür nicht stark genug fühlte, haben wir uns einfach unterhalten. Meistens haben wir dabei über Alltägliches gesprochen, haben die Woche Revue passieren lassen. Es war nicht seine Art, viel über sich selbst zu reden. Er hat mir von den Büchern erzählt, die er gerade las, oder von neuen Maltechniken, die er entdeckt hatte. Was das Bild mit der Welle für ihn bedeutete, habe ich ihn nie direkt gefragt, es war uns aber beiden klar. Jeder kennt diese Wellen, die einen umhauen, wegreißen, herumwirbeln.

Das Bild ist überwältigend geworden. Michael hat viel nachgebessert, irgendwann war es auch aus seinen Augen fertig. Alle haben es bewundert. Als er später entlassen wurde, hat er es der Station geschenkt.

Durch die Welle hatte Michael das Malen wohl für sich entdeckt und begann, zu Hause an weiteren Bildern zu arbeiten. In dieser Zeit ist er immer stabiler geworden. Ich glaube, das Gefühl des Umgeworfen-Werdens war am Ende weg. Sein nächstes größeres Projekt war das Bild einer Statue, einer Bronzefigur, die oben auf einem Berg steht. Auf ihren Kopf malte er eine Taube. Das war wohl der Zeitpunkt, zu dem er wieder festen Boden unter den Füßen spürte.

Später hat Michael eine Stammzellentransplantation bekommen. Drei Jahre habe ich ihn begleitet, dann wehrte sein Körper sich gegen die Stammzellen. Das Bild von der Welle hängt bis heute im Stationszimmer.«

Intuition

» Wenn ich an meine erste Begegnung mit dem Tod denke, denke ich an eine Begegnung, die es nicht gab. Meine Tante ist in relativ jungen Jahren gestorben, sie hatte eine weit fortgeschrittene Krebserkrankung und lag im Krankenhaus. Es war klar, dass sie nicht mehr lange leben würde. Wir Kinder durften sie in dieser letzten Phase nicht besuchen. Es ging ihr sehr schlecht, ihr Körper muss von den Tumoren stark mitgenommen gewesen sein. Sie leiden zu sehen tue uns nicht gut, hieß es. Dabei wären wir gerne bei ihr gewesen, und ich bin sicher, auch sie hätte sich gefreut. Wir haben protestiert, aber unser Wunsch wurde immer wieder abgelehnt.

Das Besuchsverbot kam von den Ärzten. Meine Eltern hätten nichts dagegen gehabt, aber sie wollten sich der Weisung wohl auch nicht widersetzen. Das waren die 70er Jahre, ganz andere Zeiten. Pflege, ärztliche Betreuung und der Umgang mit Angehörigen – all das war damals noch nicht so, wie es heute ist. Wenn meine Mutter meine Tante besuchte, durften wir Kinder zwar mitkommen, mussten aber draußen vor dem Zimmer warten. Ich war elf Jahre alt, und woran

Dörte Gründer-Niewendick studierte auf Lehramt, bevor sie in die Krankenpflege ging. Heute arbeitet sie im Zentrum für Palliativmedizin der Kliniken Essen-Mitte. Was ihr als Kind versagt wurde – einen geliebten Menschen am Ende des Lebens zu begleiten und sich von ihm zu verabschieden – ermöglicht sie heute anderen Angehörigen.

ich mich erinnere, ist genau diese Situation: wie wir auf dem langen Krankenhausflur stehen und warten.

Beim Tod meiner Großmutter ein paar Jahre später war alles anders. Auch sie ist an einer Tumorerkrankung gestorben, aber bei uns zu Hause. Das war eine bewusste Entscheidung von ihr, sie wollte auf keinen Fall ins Krankenhaus. Meine Mutter hat gesagt: ›Alleine bleiben kannst du auch nicht.‹ Also kam sie zu uns. Es war nur ein kurzer Zeitraum, vier Monate etwa, aber die waren für mich prägend.

Im Rückblick erscheint es mir vor allem als unheimlich intensive Zeit, denn das Ganze war mit einem riesigen Pflegeaufwand verbunden. Unterstützung von außen war schwierig zu bekommen, eigentlich war sie gar nicht vorhanden. Es gab nicht einmal vernünftige Pflegebetten. Wir haben schließlich eines aus einer Kirchengemeinde organisieren können. Ich hatte über mehrere Ecken gehört, dass dort eines herumstand, das nicht gebraucht wurde. Dieses Bett hatte aber wiederum eine so ungewöhnliche Größe, dass es kompliziert war, eine gescheite Matratze dafür zu finden. Es gab keine Pflegestufen und kaum Pflegedienste. Meine Mutter war berufstätig, sie wusste zunächst überhaupt nicht, wie sie das schaffen sollte. Wir haben dann für einige Stunden am Tag eine Altenpflegerin engagiert, die meine Großmutter versorgt hat. Wir Kinder waren alle eingebunden, ebenso die Geschwister meiner Mutter. Es war perfekt organisiert und dennoch schwierig. Es gab ja keinen Vorlauf. Auf einer Palliativstation ist heute alles organisiert, wenn die Leute kommen. Bei uns kam erst die Großmutter, dann wurde organisiert.

Einmal mussten wir sie gegen ihren Willen doch ins Krankenhaus bringen, weil die Hausärztin nicht erreichbar war und wir uns nicht mehr zu helfen wussten. Als meine Großmutter in der Klinik aufwachte, sah sie sich um und erkannte gleich, wo sie gelandet war. Sie unterschrieb sofort, dass sie auf eigene Verantwortung nach Hause geht. Eine Chemotherapie wollte sie partout nicht haben. Sie war eine Frau, die zwei Weltkriege erlebt hatte, die in den 50er Jahren als alleinerziehende Mutter mit fünf Kindern da stand, die immer gearbeitet hat. Ich glaube, sie hatte einfach keine Lust mehr.

Gestorben ist sie an Weihnachten. Das war einerseits traurig, andererseits aber auch schön. Bevor wir uns abends alle zum Essen hinsetzten, wollten wir noch einmal nach ihr sehen. Als wir in ihr Zimmer kamen, sagte sie: ›Ich möchte so gerne spazieren gehen.‹ Meine Großmutter war viel in der Gruga unterwegs gewesen und offenbar war das ihr letzter Wunsch, ihr letztes Bild – dort noch einmal eine Runde zu drehen. Meine Mutter ist dann tatsächlich mit ihr spazieren gegangen, in Gedanken. Am Grugaturm vorbei, durch die Dahlienarena, alles in dieser spontanen Erzählung am Bett. Während meine Mutter erzählte, ist meine Großmutter gestorben. Ich weiß nicht, ob sie im Kopf wirklich noch dabei war, aber die Art des Abschieds war sehr tröstlich. Meine Mutter hat da eine unglaubliche Intuition bewiesen. Diesen Gedankenspaziergang mitzuerleben, war für mich ganz wichtig. Nicht dass ich damals schon konkret daran gedacht hätte, Krankenpflegerin zu werden, aber es war eine richtungsweisende Erfahrung. Sie hat den Blick für vieles offen gemacht.

Aus meinen ersten Jahren im Krankenhaus habe ich noch in Erinnerung, dass verstorbene Patienten oft einfach ins Badezimmer geschoben wurden. Sie mussten nach ihrem Tod vorschriftsgemäß noch zwei Stunden auf der Station verbleiben, aufgrund des Platzmangels brachte man sie ins Bad. Heute geht es darum, etwas zu entwickeln, was anders ist. Besser. Die Angehörigen im Zimmer bleiben zu lassen, wenn der Patient verstorben ist. Eine Ruhe zu schaffen. Da muss eine ganz neue Kultur entwickelt werden. Als ich aus meiner Erziehungszeit in den Beruf zurückkehrte, habe mir genau überlegt, wo ich arbeiten wollte. Wenn ich wieder anfange, habe ich mir schließlich gesagt, dann auf der Palliativstation. Mich beschäftigte vor allem die Frage: Wie läuft eine gute Symptomkontrolle ab, bis zuletzt, bis zum Sterben? Das ist sicher etwas, was bei meiner Tante damals gefehlt hat. Es wäre so einfach gewesen.

Die medizinische und pflegerische Betreuung ist die eine Seite, doch es geht um weit mehr. Ich sehe es auch als meine Aufgabe, den Menschen den Zugang zum Thema Sterben zu erleichtern. Da ist noch viel Verdrängung. Eltern kommen oft mit der Frage zu uns, ob sie ihre Kinder mitnehmen sollen, wenn sie einen schwerkranken Angehörigen besuchen, möglicherweise gar den Vater oder die Mutter des Kindes. Ich würde ihnen immer zuraten. Manchmal sind es auch ganz praktische Dinge, bei denen man die Kinder ins Boot holen sollte. Es kommt vor, dass ich Jugendlichen erklären muss, was zu tun ist, wenn ihre Mutter zu Hause krampft. Wir versuchen immer, alle einzubinden, die für den Betroffenen wichtig sind. Wir versuchen es. Manchmal klappt es, manchmal nicht.«

Toleranz

» Dieser junge Mann, der mir aus irgendeinem Grund besonders in Erinnerung geblieben ist, war Schalker. Ich hab's mit Humor genommen. Wir begegneten uns auf der Transplantationsstation, wo ich damals als Pfleger gearbeitet habe. Er war Mitte oder Ende 20 und litt an Leukämie. Nach der Knochenmarks-Transplantation hatte er eine Abstoßungsreaktion, das geht mit heftigen Durchfällen und Hautausschlägen einher. Bei ihm war zudem die Leber betroffen, die Werte stiegen ins Unermessliche. Also wurde er auch noch lebertransplantiert. Das war ungewöhnlich, aber er war eben ein junger Mann und körperlich recht fit.

Nach der Lebertransplantation verschlechterte sich sein Zustand zunächst, er musste künstlich beatmet werden. Irgendwann schafften wir es, ihm die Beatmung abzugewöhnen. Er war leidenschaftlicher Raucher. Als wir die Maschine also abgenommen hatten und er seinen Sprechaufsatz hatte, grinste er breit und sagte mit seiner scheppernden Stimme als erstes: ›Hallo Hermann.‹ Und dann: ›Kann ich mal eine rauchen gehen?‹

Ich hatte ihn die ganze Zeit betreut, vor und nach den Transplantationen, und es war eine gewisse Vertrautheit entstanden. Er war ein unheimlich netter, lieber Kerl, der wahnsinnig gut mit seinen zwei

Hermann Kerscher hat das Zentrum für Palliativmedizin der Kliniken Essen-Mitte mit aufgebaut und leitet dort heute das Pflege-Team.

Kindern umgehen konnte. Seine Frau hat ihn mit den beiden regelmäßig besucht. Es war schön, sie zusammen zu sehen. So lange es ihm möglich war, hat er mit den Kleinen herumgetollt, er war ganz verrückt nach ihnen. Wenn sie kamen, wurde viel gelacht. Auch wenn er alleine war und wir über Fußball geredet haben, war er immer bester Dinge. Er hat nie daran gezweifelt, dass Schalke eines Tages wieder Meister wird. ›Hermann‹, hat er immer gesagt, ›wir holen die Schale noch mal. Wirst schon sehen.‹

An meinem ersten Arbeitstag vor vielen Jahren saßen bei der Dienstbesprechung mehr Pfleger am Tisch als es auf der Station Patienten gab. Damals konnte man auch schon mal zwei Stunden bei einem Kranken im Zimmer verbringen. Mittlerweile ist die Personalsituation in vielen Kliniken eine andere, dementsprechend geht Zeit für den persönlichen Austausch verloren. Wir versuchen trotzdem, mit den Patienten ins Gespräch zu kommen. Um Anknüpfungspunkte zu finden, muss man die Augen offenhalten und herauskriegen, welche Interessen jemand hat. So ein Anknüpfungspunkt kann ein Buch sein, das auf dem Nachttisch liegt und das man vielleicht selber gelesen hat. Da hat man direkt ein Gesprächsthema.

An die meisten, zumindest an die Männer, kommt man aber über Fußball heran. Bei Fußball und Sport kriegt man superschnell Kontakt, da weiß man immer gleich, wie die Leute ticken und ob sie Spaß verstehen. Fußball ist ein guter Türöffner, das habe ich schon so oft erlebt und erlebe es im Moment wieder. Wir haben gerade einen Patienten aus Mönchengladbach, der ist Fan ohne Ende. Schön, wenn man den ein bisschen aufziehen kann.

Die Patienten wissen natürlich auch, wo ich selbst stehe, schließlich muss ich ihnen die Gelegenheit geben, zurückzuflachsen. Grund genug haben sie, muss man ja leider sagen: Mein Verein ist Rot-Weiss Essen. Die sind ziemlich abgestürzt, aber ich hoffe, dass sie bald wieder auf die Beine kommen. Ändern wird sich für mich sowieso nichts. Ich bin schon als Kind mit meinem Vater zu den Spielen gegangen, das bleibt. Klar, man ist nicht mehr so enthusiastisch dabei wie früher, aber man ist dabei. Ich war vier oder fünf Jahre alt, als ich das erste Mal ins Stadion durfte. Da kennt man noch einige der älteren Spieler. Als Mitglied ging man nach dem Abpfiff sogar in die Vereinsgaststätte, da hat die Mannschaft mit den Leuten getrunken, das war eine prima Sache. Ich erinnere mich noch gut, wie ich als kleiner Steppke mit meinem Vater in dieser Kneipe saß. Mein Vater bestellte Bier, ich bekam Cola oder Malzbier, und man konnte sich mit den Spielern unterhalten. Unter den Patienten treffe ich selten auf RWE-Fans. Wenn doch, ist das natürlich schön, dann kann man über alte Zeiten reden und über Spiele, die einem haften geblieben sind.

Es kommt auch vor, dass man gemeinsam mit Patienten Fußball im Fernsehen guckt. Wenn man weiß, dass einer die Bundesliga verfolgt, sieht man zu, dass man zur richtigen Zeit im richtigen Zimmer ist und sich für zehn Minuten dazusetzt. Im Wohnzimmer der Station gibt es außerdem einen großen Bildschirm. Während der letzten Fußball-Weltmeisterschaft haben wir gemeinsam die Spiele angeschaut – Public Viewing sozusagen. Die ganze Station war geschmückt, die Versorgungsassistentin lief immer mit einem Deutschlandtrikot durch die Gegend. Das war eine tolle Atmosphäre, muss man wirklich sagen. Es geht uns darum, auch die schönen Sachen im Leben noch mal hervorzukramen. Mit Verdrängung hat das nichts zu tun. Ich finde es legitim, sich als Patient zwischendurch ablenken zu lassen und über andere Dinge zu reden als über die eigene Krankheit. Über Nebensächlichkeiten, die eben keine Nebensächlichkeiten sind.

Der junge Mann von der Transplantationsstation hätte das sicher gut gefunden mit der Fußball-WM und dem Trubel. Er war unheimlich lebensfroh und felsenfest davon überzeugt, dass er gesund wird. Mit dem Sterben hat er sich nicht auseinandergesetzt. Seinen Optimismus hat er sich die ganze Zeit über bewahrt, und ich hatte auch nicht den Eindruck, dass er zwischendurch eingebrochen ist. Manchmal ist es von Vorteil, Zweifel nicht an sich heranzulassen. Für ihn war sonnenklar, dass er bald rauskommt aus dem Krankenhaus. ›Jetzt machen wir noch die Leber und dann geht's zurück nach Hause‹, das war seine Devise. Doch sein Körper hat später auch die Leber abgestoßen. Er ist leider gestorben, obwohl wir alles für ihn getan haben.«

Aufmerksamkeit

>> Es sind oft ganz kleine Dinge, mit denen wir Ärzte vor dem Tod noch einmal so etwas wie Freude herauskitzeln können. Dinge, deren Bedeutung sich leicht übersehen lässt, mit denen es im besten Fall aber gelingt, für einige Momente die Gedankenrichtung zu ändern. So war es auch bei der älteren Frau, zu der wir kürzlich gerufen wurden und die sehr gequält war. Sie hatte eine Lungenkrankheit und litt unter extremer Atemnot. Es war nicht das erste Mal, dass sie sich in dieser Situation befand. Bei chronischen Lungenerkrankungen gehen die Betroffenen oft durch tiefe Täler. Meistens erleben sie, dass es nach einem solchen Tief mit viel Aufwand und Therapie wieder besser wird. Es ist ein stetes Auf und Ab, über Monate und Jahre. Für die Mediziner ist es immer schwierig zu erkennen, ob ein Zwischentief tatsächlich nur ein Zwischentief ist, oder schon das Sterben.

Diese Patientin wusste genau, worum es ging. Sie war müde von dem Ganzen. Zuletzt hatte sie lange im Krankenhaus gelegen. Weil man ihr dort nicht mehr helfen konnte, war sie entlassen worden in das Altenheim, in dem sie lebte. Als wir ankamen, war ihre Familie da, alle waren völlig fertig. Ich spreche immer möglichst offen mit den Leuten, je nachdem, welche Signale sie aussenden. Ich überrumpele niemanden, aber wenn die Patienten und ihre Angehörigen Bescheid wissen wollen – wie in diesem Fall – dann muss man die Möglich-

Palliativmediziner Dr. Martin Dreyhaupt

keiten durchsprechen. Dazu zählt auch die Sedierung: Sollten alle Stricke reißen, das habe ich der Familie zugesichert, können wir die Patientin schlafen legen. Es kann sein, dass sie wieder wach wird, es kann aber auch sein, dass sie im Schlaf stirbt. Gemeinsam haben wir beschlossen, auf die Sedierung erst einmal zu verzichten. Durch die Medikamente, die wir ihr gegeben hatten, war die Frau wieder entspannt.

An dieser Stelle hätte man sich auch schon verabschieden und den Notfalleinsatz beenden können. Wir hatten eine ellenlange Liste weiterer Patienten, die schnell Hilfe brauchten. Symptomkontrolle, den Schmerz nehmen, die weitere Versorgung organisieren, das ist die Minimalanforderung der Palliativmedizin – Leiden lindern. Was wir aber auch tun wollen: den Angehörigen und dem Pflegepersonal Rat geben, was sie noch an Lustvollem, Freudvollem für den Sterbenden tun können.

In unserem Koffer haben wir deshalb immer ein paar kleine Sprüh-Flaschen. Wir fragen, welchen Geschmack die Patientin oder der Patient besonders mochte. War sie eine Kaffeetante, trank er vielleicht gerne Rotwein? Das Fläschchen wird dann entsprechend befüllt. Oft sind die Betroffenen nicht mehr in der Lage, zu essen oder zu trinken, aber man kann ihre Lippen befeuchten und mit ein paar winzigen Tropfen den Geschmackssinn stimulieren. Das funktioniert sogar bei Patienten, die eigentlich gar keinen Kontakt mehr zu ihrer Umgebung aufnehmen. Oft sieht man dennoch, wie sie Wohlbefinden äußern, weil sie einen Geschmack erkennen, den sie früher gern hatten und der sie vielleicht an schöne Augenblicke erinnert.

Bei dieser Frau war es Sahnetorte. Als ich die Angehörigen nach den geschmacklichen Vorlieben der Patientin fragte, schauten sie mich zunächst verdutzt an, sagten dann aber ganz entschieden: Sahnetorte. Also wurde einiges in Bewegung gesetzt in diesem Altenheim. Die Küche wurde angerufen mit dem Hinweis, es müsse dringend ein Stück Sahnetorte her. Nach kurzer Zeit brachte jemand einen Teller aufs Zimmer. Die Patientin konnte zwar nicht mehr schlucken, aber sie konnte kleine Bissen in den Mund nehmen, die ihr die Angehörigen mit einem Löffel behutsam anreichten. Den Geschmack hat sie eindeutig erspürt. Das zu sehen war Freude, für die Familie und auch für mich.

Viele Patienten und ihre Angehörigen haben Angst vor dem Palliativarzt. Wenn er kommt, ist das ein Zeichen fürs Sterben, so sehen sie das. In Momenten wie dem mit der Sahnetorte nimmt die Wahrnehmung des Umfelds eine ganz andere Wendung. Weg vom Eindruck des Leidens, hin zu der Erkenntnis, dass man die verbleibende Zeit nutzen, dass man daraus etwas gestalten kann. Weg von der Sorge darüber, dass der Tod unmittelbar bevorsteht, hin zu der Frage: Was können wir machen, damit unsere Mutter oder Großmutter ein paar möglichst schöne letzte Tage hat? Geschmack kann dabei helfen, es können aber auch Gerüche sein. Bei einem Patienten, der starker Raucher war, haben die Angehörigen ein Duftsäckchen voll gequalmt und ihm ins Bett gegeben. So kann man Sterbenden noch mal eine starke körperliche Wahrnehmung ermöglichen. Das hat mit dem Tabaksäckchen funktioniert und mit der Sahnetorte, und das war gut für die Patienten und ihre Familien.

Ob das die Momente sind, in denen mir bewusst wird, warum ich diesen Beruf ergriffen habe? Es sind auf jeden Fall Momente, die den Stress nehmen. Man erinnert sich später gerne an sie – an die kurzen, schönen Augenblicke, die es beim Sterben neben der großen Verzweiflung eben auch gibt.«

Paul litt an einem Plasmozytom, einer Form von Knochenkrebs. Zuletzt konnte er sich kaum noch bewegen, saß im Rollstuhl. Mitte der 1980er Jahre war das, damals gab es die ersten Morphin-Tabletten. »Warum geht's mir eigentlich so gut?«, wollte er eines Tages von den Ärzten wissen. »Das sind die Pflanzen des Mohns«, sagte man ihm einfachheitshalber. Kurze Zeit später kam – hübsch verpackt – dieser Ehrenerweis an den Mohn, wie Paul ihn kannte.

Fantasie

» n dem alten Zechenhaus hatte Herr Lukas sein halbes Leben verbracht. Er liebte dieses Haus und vor allem liebte er seinen Garten. Kein Wunder, dass er am Ende heim wollte.

Er war fast 80 Jahre alt und schwer krank. Er wohnte allein, seine Frau war erst zwei Jahre zuvor gestorben. Eigentlich trauerte er noch, und jetzt fand er sich plötzlich selbst in dieser schwierigen Situation wieder. Eine ganze Weile lag er auf der Palliativstation, baute körperlich massiv ab. Den Wunsch, zu Hause zu sterben, konnten wir ihm trotzdem erfüllen. Mehrere Wochen haben wir ihn ambulant versorgt und dabei viele gemeinsame Stunden in seinem Garten verbracht. Seine Kinder hatte eine Rampe gebaut, damit er über die Schwelle nach draußen konnte.

Der Garten war wirklich eine Pracht. Vor allem die Hortensien – wunderschön! Herr Lukas war wahnsinnig stolz auf sein Werk, jeder musste es sich ansehen. Sämtliche Blumen und Pflanzen kannte er aus dem Effeff – wie sie heißen, woher sie kommen, welche Pflege sie brauchen. Dass sich nun andere um den Garten kümmern würden, war für ihn schwer zu akzeptieren, aber er spürte ganz deutlich: Ich kann nicht mehr.

Umgeben war der Garten von einem Zaun aus Bambus – den Bambus hatte Herr Lukas selbst gepflanzt, geerntet und verarbeitet.

Sandra Lonnemann, Koordinatorin ambulante Palliativversorgung

Wenn man sich innerhalb des Zaunes befand, inmitten all der Blumen und Gewächse und dieser traumhaften Hortensien, schien die Welt draußen weit weg. Gemeinsam haben wir im Grünen gesessen und einfach vor uns hergeträumt. Wir haben uns vorgestellt, wie seine Kinder demnächst das Gemüse ernten und wie der Garten wohl im Sommer aussieht. Diese Gedanken haben Herrn Lukas traurig gemacht – sich auszumalen, wie alles blüht, und gleichzeitig zu wissen, dass er das nicht mehr erleben wird. Andererseits hat ihm das Kraft gegeben: seine Phantasie spielen zu lassen und vom Garten zu träumen.

Am Tag vor seinem Tod sprach Herr Lukas davon, dass ihm nur noch wenig Zeit bleibt. Er hatte Probleme mit der Luft, konnte schwer atmen. Umso wichtiger war es ihm, die verbleibenden Stunden draußen zu verbringen und nicht in seinem Pflegebett. In den letzten 40 Jahren hatte er viele Veränderungen an Haus und Garten begleitet, das hat man gespürt. Man konnte sehen: Da wurde gelebt. Vermutlich ging ihm all das nochmal durch den Kopf, während er da auf seiner Liege lag. Auch am letzten Tag war er so lange wie möglich im Garten. Sogar die nötigen Untersuchungen wurden draußen gemacht, ein mobiles Ultraschallgerät kam zum Einsatz. Die Sonne blendete und der Arzt hatte Schwierigkeiten, auf dem Bildschirm alles zu erkennen, aber Herr Lukas war froh.

Er ist nicht im Garten gestorben, aber ich glaube, er ist mit diesen verträumten Gedanken daran gestorben. Ich habe später nie nachgesehen, was aus dem Haus und dem Garten geworden ist. Man hört, er sei noch genau so gepflegt wie damals, die Kinder sorgen dafür. Wir Kollegen müssen immer schmunzeln, wenn das Gespräch auf Herrn Lukas kommt. Zusammen stellen wir uns vor, wie der Garten heute sein mag. Ob der Bambuszaun noch steht? Ob die Hortensien immer noch so wunderschön sind? Ob die jungen Leute das Gemüsebeet belassen oder stattdessen etwas anderes gepflanzt haben? Wer weiß, ob Herrn Lukas diese Idee nicht sogar gefallen hätte: Sein Garten lebt weiter – anders vielleicht, aber er lebt.«

Kampfesmut

» ch heiße Susanne, aber meine Mutter hat Jule zu mir gesagt. Sie hatte immer eine Jule haben wollen, doch meinem Vater gefiel der Name nicht. Jetzt nennt mich niemand mehr so. Wenn ich von etwas erzähle, das meine Mutter einmal zu mir gesagt hat, dann sind das die einzigen Momente, in denen ich den Namen noch laut ausspreche. Meine Mutter und ich waren uns sehr nah, diese Nähe wird nie weggehen. Manchmal muss ich morgens auf dem Weg zur Arbeit eine Strophe heulen, nur weil sie im Radio ein sentimentales Lied spielen.

Meine Mutter war Krankenschwester, genau wie ich. Sie hatte viel mit dem Tod zu tun, trotzdem wollte sie unbedingt leben. Sie hatte furchtbare Angst vor dem Sterben und keine Vorstellung, wie das für sie ablaufen sollte. Als sie schon schwer krank war, hat sie oft gesagt: ›Mein Gott, was mach‹ ich nur, wie geh' ich damit um?‹ Ich habe ihr dann geantwortet, dass sie jetzt vor allem einen Platz braucht, an dem sie sich gut aufgehoben fühlt, und den haben wir tatsächlich gefunden. Dass dieser Platz für mich und mein weiteres Leben ebenfalls eine wichtige Rolle spielen würde, konnte ich damals noch nicht ahnen.

Susanne Blöm ist Krankenschwester im Zentrum für Palliativmedizin der Kliniken Essen-Mitte. Wichtig ist ihr neben der Arbeit Zeit für die Familie – und für Träume. Irgendwann will sie unbedingt einen Flugschein machen, »und wenn es mit 70 ist«.

Zwei Jahre litt meine Mutter schon an Krebs, als sie auf die Palliativstation kam. Den Ursprungstumor hat man nie entdeckt, aber sie hatte Metastasen in der Lunge. Sie hat sich richtig gequält, hat befürchtet zu ersticken, und ich glaube, genau das wäre ihr Schicksal gewesen. Es war klar, dass sie zu Hause nicht bleiben konnte. Ich hätte sie gerne betreut, aber das ging zeitlich nicht. Ich war damals Krankenschwester in einer großen Klinik und habe selbst Familie.

Also begann ich, mich heimlich nach einem Platz in einem Hospiz umzusehen. Heimlich, weil über diese Frage zu Hause nie offen gesprochen wurde. Es war eine Art Schwebezustand. Eigentlich wussten wir alle genau, was Sache ist, haben uns aber nicht getraut, mit meiner Mutter darüber zu reden oder etwas Konkretes zu unternehmen. Irgendwann konnte es so nicht mehr weitergehen. Das Hospiz hatte ich deshalb ins Auge gefasst, weil ich damals irrtümlicherweise dachte, die Palliativstation sei nur etwas für den Übergang. Zu guter letzt sind wir aber genau dort gelandet.

Meine Mutter hatte wirklich die Zähne zusammengebissen und zu Hause gewohnt, bis gar nichts mehr ging. An einem Sonntagmittag hat sie sich von uns verabschiedet. Wir waren früher jeden Sonntag bei ihr, all meine Geschwister mit ihren Kindern. Auch diesmal hatte meine Mutter noch für uns gebacken, obwohl sie kaum Luft bekam. Sie hat geweint und uns gedrückt, hat den Enkeln Lebewohl gesagt. Später haben wir beide uns gemeinsam auf den Weg gemacht. Ich weiß noch, dass ich ihre Tasche trug und sie sich an der Tür umdrehte und sagte: ›Ich kann mir gar nicht vorstellen, das alles nicht mehr zu sehen.‹

Auf der Palliativstation hat sich gleich jemand einen Stuhl genommen und sich zu ihr ans Bett gesetzt. Man wollte wissen, wie sie sich fühlte, was ihr durch den Kopf ging, das hat ihr gefallen. Auch mit den Schmerzen und Ängsten konnte man ihr helfen. Sie musste sich nicht atemlos ans Waschbecken quälen, dagegen lässt sich vorher schon etwas unternehmen. Für mich war das ebenfalls ein Aha-Erlebnis. Ich war damals ziemlich unglücklich mit meiner Stelle, hatte das

Gefühl, nicht genug für die Patienten tun zu können, nur von einem Zimmer zum nächsten zu hetzen. Schon seit längerem hatte ich mich nach etwas Neuem umgesehen. Ausgerechnet an dem Tag, an dem meine Mutter auf die Palliativstation kam, hatte ich ein Bewerbungsgespräch in einer anderen Klinik. Man hatte mir eine attraktive Stelle angeboten. Ich weiß noch, wie ich mit einer Krankenschwester auf dem Flur vorm Zimmer meiner Mutter am Boden hockte und ihr davon erzählte. Ich hatte Angst, meine Mutter allein zu lassen. Die Schwester hat mich beruhigt und gesagt: ›Machen Sie sich keine Sorgen, gehen Sie nur.‹ Ich bin tatsächlich gegangen, ich hatte großes Vertrauen. Die Stelle habe ich nicht angenommen.

Die nächsten Tage war ich fast rund um die Uhr bei meiner Mutter, die immer noch so sehr am Leben festhielt. Ständig hat sie von der neuen Küche erzählt, die sie sich wünschte, und von dem Stadtbummel, den sie unternehmen wollte. ›Ich möchte unbedingt noch mal mit dir durch die Stadt gehen‹, hat sie gesagt. Wir sind früher gerne zusammen gebummelt – nicht oft, aber dann richtig ausgiebig. Meine Mutter liebte es, sich schick zu machen. Manchmal hielten die Leute uns für Schwestern.

Ich habe mir immer gewünscht, eine Mutter zu haben, die den Tod annimmt. Ich bewundere diese Menschen, die ich von meiner Arbeit her kenne. In aller Ruhe besprechen sie die letzten Dinge, bevor sie gehen. Davor ziehe ich den Hut, da empfinde ich echte Hochachtung. Aber das kann nicht jeder, und ich weiß nicht, ob ich es könnte. Ich denke, ganz zum Schluss hat meine Mutter es geschafft.

Sie ist an einem Donnerstag gestorben, nach nur drei Tagen auf der Palliativstation. Ich hatte die Familie zusammengetrommelt, weil klar war, dass sie die Nacht nicht überleben würde. Wir Kinder und der Lebensgefährte meiner Mutter saßen um sie herum, haben gelacht, gequatscht, von früher und von heute erzählt. Wir haben uns Stühle an ihr Bett gerückt und die Füße unter die Decke gesteckt. Irgendwann sind alle eingenickt, jeder war müde von der Arbeit.

Ich glaube, ich hatte fast größere Probleme loszulassen als meine Mutter. Gegen halb elf an diesem Abend habe ich gemerkt, dass sich etwas bei ihr tut. Ich habe ihre Hand genommen, aber sie warf sie weg. ›Jetzt lässt sie los‹, dachte ich verblüfft. ›Ich kralle mich immer noch fest, und sie lässt tatsächlich los.‹ Dann war alles ruhig. Nach und nach wurden die anderen hellhörig und kamen näher. Bis zwei Uhr morgens saßen wir noch bei ihr im Zimmer.

Kurz vor ihrem Tod hatte ich zu meiner Mutter gesagt: ›Diese Palliativstation – ich glaube, das wär’ was für mich.‹ Sie fand das abwegig. ›Jule, bist du verrückt? So ’ne Maloche! Bleib’ lieber da, wo du jetzt bist.‹ Ich habe aber nie das gemacht, was meine Mutter gesagt hat. Sie war eine Kämpferin und ich bin es auch. Für mich stand zu diesem Zeitpunkt schon fest, dass ich dort ein Praktikum machen würde.

Als Angehöriger ist man auf der Palliativstation auch nach dem Tod des Patienten willkommen. Bei Freunden und Bekannten merkt man oft, dass sie nichts mehr davon hören wollen, wenn man Monate später noch von dem Verstorbenen und der Trauer erzählt. Die meisten sagen es nicht, aber man spürt es an ihren Reaktionen. Einige meinten sogar: ›Du bist doch Krankenschwester, du hast schon so viele Menschen sterben sehen. Müsstest du das nicht viel leichter wegstecken als unsereiner?‹ Nein, muss ich nicht. Ebenso wenig wie ich den Tod von Patienten leicht wegstecken muss. Ich weine manchmal sogar mit Angehörigen und ich merke, wie gut ihnen das tut. Nur wenn man sich als Angehöriger gestärkt fühlt, kann man auch den Betroffenen stärken.

Als ich merkte, dass nach dem Tod meiner Mutter der Schmerz nicht wich, fiel mir das Trauercafé ein, von dem man mir auf der Palliativstation erzählt hatte. Ich bin hingegangen, jeden Mittwoch – das war ein merkwürdiges Gefühl. Der Mittwoch war früher immer der Tag gewesen, an dem meine Mutter zu mir nach Hause kam, mir bei der Wäsche half und wir etwas Schönes unternahmen. Anfangs habe ich mich über mich selbst gewundert, als ich plötzlich in diesem

Gesprächskreis saß. Ich wusste genau, dass meine Mutter den Kopf geschüttelt hätte. Sie hätte kein Verständnis dafür gehabt, dass ich mit fremden Leuten über sie rede. ›Jule, was machst du da eigentlich?‹, habe ich sie innerlich sagen hören. Aber es hat mir so gut getan.

Der Leiterin der Trauergruppe habe ich irgendwann auch erzählt, dass ich mir vorstellen könnte, auf der Palliativstation zu arbeiten. Ich möchte mir das gerne ansehen, habe ich gesagt. Sie hat dann den Kontakt hergestellt, ich habe Urlaub genommen und bin eine Woche lang auf der Station mitgelaufen. Am zweiten Tag wusste ich: Das ist meins.

Zu Beginn musste ich noch oft an meine Mutter denken, wenn ich in dem Zimmer zu tun hatte, in dem sie gestorben ist. Inzwischen merke ich, dass ich nicht mehr Angehörige, sondern Pflegende bin, wenn ich in den Raum komme. Nur manchmal gucke ich noch hoch zur Decke und frage mich für einen Augenblick, ob sie mir zusieht.

Wenn ich jetzt alleine durch die Stadt gehe, setze ich mich gerne in Cafés, in denen wir früher gemeinsam waren. Im Nachhinein ist mir bewusst geworden, dass ich bei aller Nähe zu meiner Mutter über bestimmte Abschnitte in ihrem Leben wenig weiß, über ihre Kindheit etwa. Ich kenne nur die paar Bruchstücke, von denen sie immer wieder erzählt hat. Es gibt alte Fotos, von denen ich nicht sagen kann, wo sie entstanden sind und welches der Mädchen darauf meine Mutter ist. Es gibt niemanden, den ich fragen kann. Mein Mann und ich haben uns deshalb vorgenommen, ein Buch anzulegen, in das wir Dinge von uns selbst hineinschreiben. Nichts Besonderes, sondern einfach, was wir erlebt haben und was uns beschäftigt. Vielleicht beantwortet das unseren Kindern später die eine oder andere Frage, die sie uns im Leben nicht gestellt haben.«

Verlässlichkeit

» Er würde noch drei Monate schaffen, vielleicht vier. Das war die Einschätzung der Ärzte. Wir verbrachten fast zwei Jahre miteinander, der ältere Herr und ich, sein ehrenamtlicher Sterbegleiter. Zwei Jahre sind eine lange Zeit, da lernt man sich gut kennen. Es ist viel passiert in diesen beiden Jahren, in denen ich einmal sogar daran dachte, die Brocken hinzuwerfen. Am Ende war ich froh, es nicht getan zu haben.

Der Mann wurde 80, kurz nachdem wir uns kennenlernten. Seine Frau war schon vor einiger Zeit gestorben. Aus dem Haus, das sie gemeinsam bewohnt hatten, war er in eine kleinere Wohnung gezogen. Er litt an Bronchialkrebs. Als er deswegen zwischenzeitlich im Krankenhaus lag, bemerkten die Schwestern, dass er kaum noch Menschen um sich hatte. Sie fürchteten, dass er vereinsamen könnte und im Alltag nicht mehr zurechtkäme, also wandten sie sich an den Ehrenamtlichen-Dienst.

Von unserer ersten Begegnung ist mir vor allem in Erinnerung geblieben, wie leise er sprach. Schmerzen hatte er nicht, aber die

Hans-Jürgen Breyer ist ehrenamtlicher Sterbebegleiter beim ambulanten Hospizdienst »Pallium«. Im Ruhestand hat der gelernte Kaufmann sich zudem einen lang gehegten Wunsch erfüllt: Er hat eine Heilpraktiker-Ausbildung gemacht und betreut heute Patienten in einer Bochumer Praxis.

Stimme war arg mitgenommen. Man konnte ihn kaum verstehen, musste sehr genau hinhören. Er erzählte mir, dass er nur eine ganz kleine Rente bekam. Er hatte körperlich schwer gearbeitet und war deshalb schon mit 60 aus dem Berufsleben ausgeschieden. Vor den Krankenhausrechnungen hatte er Angst. Eigentlich hätte er eine Gehhilfe gebraucht, aber er wusste nicht, woher man die Gelder dafür bekommt. Er war überhaupt ein wenig unbeholfen und offen für meine Unterstützung. Nach diesem ersten Besuch ging ich ein oder zwei Mal pro Woche zu ihm. Ich habe einen Behindertenausweis für ihn beantragt, später auch Wohngeld. Anfangs war ich nicht nur Sterbebegleiter, sondern fast schon Sozialarbeiter.

Im Laufe der Zeit sprachen wir zunehmend auch über Persönliches. Ich stellte fest, dass er zu seinen fünf Kindern keinen Kontakt mehr hatte, dabei lebten sie alle in der Nähe. Die Gründe für das Zerwürfnis kannte ich damals noch nicht, aber ich fand, man musste etwas tun. Es war deutlich, dass ihn diese Trennung schwer beschäftigte, auch wenn er es nicht direkt zum Ausdruck brachte. Ich wandte mich telefonisch an eine seiner Töchter, und sagte ihr, dass es für ihren Vater wichtig sei, bestimmte Dinge auf Erden noch zu regeln, damit er gehen kann. Und ich versuchte ihr nahezubringen, dass ein Wiedersehen vielleicht auch für sie und ihre Geschwister von Bedeutung sein könnte.

Einer nach dem anderen nahmen die Töchter und Söhne tatsächlich wieder Kontakt zu ihrem Vater auf. Alle kamen vorbei – die Kinder, die Enkelkinder. Der alte Herr blühte richtig auf, es war eine Freude, das zu sehen. Bis ich erfuhr, warum die Kinder ihrem Vater damals den Rücken gekehrt hatten. Das hat mich schwer mitgenommen und ich habe ernsthaft überlegt, die Begleitung zu beenden. Letztlich habe ich mich entschlossen, weiter zu machen. Ich fühlte mich ihm gegenüber verpflichtet.

Eines Tages fand ich ihn noch aufgeräumter vor als in den zurückliegenden Wochen schon. Stolz erzählte er mit, dass er ganz allein in den Bus gestiegen und zum Friedhof gefahren sei. Nach langer, langer Zeit hatte er zum ersten Mal wieder das Grab seiner Frau besucht. Ich frage mich immer noch, wie er die Kraft dafür aufgebracht hat. Nur zwei oder drei Mal hatten wir vorher das Haus verlassen und waren bis zur nächsten Kreuzung gelaufen, aber das war die Ausnahme. Er war sehr auf seine Wohnung konzentriert.

Sein kleiner Ausflug hat uns wohl beide motiviert, es bei diesem einen Spaziergang nicht zu belassen. Weil ich Hobby-Imker bin, hatte ich ihm hin und wieder vom Lehrbienenstand im Grugapark erzählt. Er sagte, er würde gerne noch einmal in die Gruga gehen und sich das ansehen. Die Bienenzucht kannte er von früher, von einem Nachbarn in seiner Heimat. Wir packten also die Gehhilfe ins Auto und fuhren zur Gruga. Bestimmt drei Stunden waren wir im Park unterwegs. Wir haben oft und lange gelacht, über Gott und die Welt geredet. Er hat viel von seiner Kindheit erzählt, die nicht leicht war in dem Land, aus dem er kam.

In der folgenden Zeit wurde seine Atmung immer schlechter, er brauchte ein Sauerstoffgerät. Wir sprachen nun öfter über den Tod. Man tastet sich langsam an dieses Thema heran. Einmal habe ich ihn gefragt, wie er nachts schläft, ob er träumt. Der Tod mache ihm keine Angst, hat er darauf geantwortet. Seine Kräfte nahmen derweil weiter ab, irgendwann war klar, dass er zu Hause nicht bleiben konnte. Wir fanden ein Altenheim in der Gegend. Das war gut, denn aus seinem Fenster sah er die gewohnte Umgebung. Er war dabei, als die Kinder sich in seiner Wohnung trafen, um den Haushalt aufzulösen. Er hatte Gelegenheit, Abschied zu nehmen. Wenn man diese Möglichkeit nicht hat und weiß, man kommt nie wieder in die eigene Wohnung – das ist der Horror.

Im Heim drehte er anfangs noch ab und zu seine Runden, doch das wurde immer weniger. Die letzten vier Monate lag er fast nur noch im Bett. Ich war nun häufiger und länger da. Er war ein gläubiger Mensch, deshalb hatte ich ihm aus einem Kloster ein kleines Holzkreuz besorgt. Es ist an den Ecken abgerundet, hat keine scharfen Kanten. Es macht also nichts, wenn man damit im Bett einschläft. Über das Kreuz hat er sich gefreut, und ich weiß, dass er es in seiner letzten Stunde bei sich hatte. Er ist im Kreis seiner Kinder und Schwiegerkinder gestorben. Ich selbst habe mich bewusst zurückgezogen. Drei Tage vor seinem Tod hatte er sich bei mir bedankt. Das hatte er auch vorher schon getan, aber nicht so intensiv. Ganz fest hat er meine Hand gedrückt, da wusste ich Bescheid.

Zwei Wochen nach seiner Beerdigung bekam ich einen Brief von einer der Töchter: eine Einladung zum Kaffeetrinken – ›als Dank dafür, dass Sie unseren Vater vorurteilsfrei und liebevoll betreut haben‹. Es wurde ein schöner Nachmittag.«

Entgegenkommen

»Wir hatten gerade eine neue Wohnung gefunden – unsere Traumwohnung, mit einem Garten für die Kinder und genau in der Gegend, in der wir gesucht hatten. Sie war perfekt, wenn auch ein bisschen zu teuer. Wir wussten, dass wir beide mehr würden arbeiten müssen, aber das war es uns wert. Beim Umzug bekam mein Mann Schmerzen in der Schulter. Ich muss gestehen, ich habe das zunächst gar nicht richtig ernst genommen. Einmal waren wir deswegen im Krankenhaus, aber man fand nichts.

Fünf Tage nach unserem Einzug ging mein Mann zur Hausärztin, weil er Magendrücken hatte. Sie hat eine Ultraschalluntersuchung gemacht und ihn gleich in die Onkologie geschickt. Seine ganze Leber war voller Metastasen und auf ein x-Faches ihrer Größe angeschwollen. Das erklärte auch die Sache mit der Schulter – eine kranke Leber verursacht Schmerzen in der rechten Schulter, sagte man uns. Den Ursprungstumor konnten die Ärzte damals noch nicht finden, wollten aber so schnell wie möglich mit einer Chemotherapie beginnen. Es gehe bereits um lebensrettende Maßnahmen. Der

*In der neuen Wohnung von **Heidrun Sturm** und ihren Töchtern steht in großen Buchstaben an der Wand: »Das Leben ist jetzt.« Der Satz ist als Ermahnung gedacht, sagt die 35-Jährige. »Unsere einzige Möglichkeit ist, jetzt zu sehen, was wichtig ist. Ich bin der festen Überzeugung, dass jeder Augenblick etwas Gutes hat.«*

Satz, den ich nie vergessen werde, war: ›Wenn man Krebs in diesem Stadium hat, kann von Heilung keine Rede mehr sein.‹ Ich bin ein sehr realistischer Mensch, aber in diesem Moment hat mich das gar nicht erreicht, das kam erst hinterher. Zwei Wochen am Stück konnte ich nur heulen.

Meinem Mann fiel es unheimlich schwer, das Wort Krebs überhaupt in den Mund zu nehmen. Beinah die ganzen 16 Monate, in denen er noch lebte, hat er seine Situation geleugnet – er wollte gegen die Krankheit ankämpfen und sie besiegen. Er musste immer für die anderen der Starke sein. Seinen Eltern hat er zu verstehen gegeben, er hätte einen fingernagelgroßen Tumor, den werde man entfernen, dann sei alles wieder gut. Dass ihr Sohn sterben wird, haben sie von mir erfahren. Eine Patientenverfügung hat mein Mann erst gemacht, nachdem sein bester Freund ihm ins Gewissen geredet hatte. Mir kam es die ganze Zeit vor, als begreife er gar nicht, was da passiert. Irgendwann fragt man auch nicht mehr nach, weil man weiß, dass das den Weg des anderen stört. Sein Weg unterschied sich völlig von meinem. Das ist für mich im Nachhinein am schwersten zu akzeptieren – dass jeder von uns seinen eigenen Weg hatte, und dass ich nicht weiß, wie er darüber dachte, gehen zu müssen.

Nach der Diagnose stand für mich auch die Frage im Raum, was ich den Kindern sage. Unsere Töchter waren zu jener Zeit vier und fünf Jahre alt. Ich habe Tage damit verbracht, Psychologen und Beratungsstellen anzurufen, um mich zu informieren. Ich war mir relativ sicher, dass ich vom Bauch her die richtige Entscheidung treffen würde, aber ich wollte es bestätigt haben. Tatsächlich rieten mir alle, den Kindern gegenüber nichts zu beschönigen und völlig klar darin zu sein, dass Krebs eine sehr gefährliche Krankheit und kein Schnupfen ist. Das Thema Tod aber sollte erst zur Sprache kommen, wenn es ansteht. Das war der Weg, den ich wählte. Das Risiko dabei ist natürlich, dass es am Ende sehr schnell gehen kann. So war es auch bei uns. Ich frage mich oft, ob ich alles richtig gemacht habe.

Mein Mann bekam zunächst eine hochdosierte Chemotherapie, die extrem gut anschlug. Es war eine Zeit der Erleichterung, und trotzdem keine einfache Zeit. Die Medikamente und die ganze Situation machten ihn aggressiv. Ich konnte das zum Teil nachvollziehen, und es spielt heute für mich keine Rolle mehr, doch der Umgang mit ihm war oft schwierig. Das klingt hart und viele möchten davon nichts hören, doch so war es. Mit dieser Art von Problemen steht man ziemlich alleine da.

Irgendwann hieß es, man werde versuchen zu operieren. Am Tag der OP war ich bei einer Freundin, weil ich nicht alleine sein wollte und die Ärzte gesagt hatten, ich solle erst nach dem Eingriff ins Krankenhaus kommen. Mittags klingelte das Telefon: Sie hatten nichts tun können. Beim Ursprungstumor, das wisse man nun, handele es sich um neuroendokrinen Pankreaskrebs, und er sei inoperabel. Da ist wirklich eine Welt zusammengebrochen, war auch das letzte bisschen Hoffnung weg. Der Arzt sagte, ich möge stark sein, wenn ich zu meinem Mann gehe, sie hätten noch nicht mit ihm geredet. Bei meinem Besuch habe ich also nichts dazu gesagt, und er hat nicht gefragt. Als die Ärzte später mit ihm sprachen, reagierte er sehr gelassen und wollte wissen, wie es nun weitergehe. Wieder war es, als ließe er den Tod nicht zu.

Im folgenden Jahr wurde unsere ältere Tochter eingeschult. Ich bin inzwischen überzeugt, dass mein Mann genau das noch sehen wollte. Zuvor hatten wir Urlaub am Bodensee gemacht, in dieser Zeit ging es ihm immer schlechter, das war für alles offensichtlich. Kinder bekommen bestimmt viel mehr mit, als wir ahnen. Ob unsere Töchter gewusst haben, dass ihr Vater sterben wird, ist schwierig zu sagen. Die Ältere ist in vielen Dingen wie er, auch sie hat die Krankheit verdrängt. Bis heute spricht sie ungern über den Tod ihres Vaters. Die Jüngere ist anders, sie redet frei heraus und stellt viele Fragen. Für sie ist klar, dass ihr Vater tagsüber ein Engel ist und nachts ein Stern.

Während unsere Tochter ihre ersten Tage in der Schule erlebte, baute mein Mann so rapide ab, dass ich ihn eine Woche später ins Krankenhaus bringen musste. Obwohl es zu Ende ging, dachte man dort wieder über eine Operation nach. Als mein Mann nach dem Gespräch mit dem Chirurgen schlief, saß ich auf dem Flur und wirkte wohl ziemlich verzweifelt. Ein junger Stationsarzt, der zufällig vorbeikam, guckte mich an und sagte: ›Möchten Sie vielleicht einfach mal eine Strophe weinen?‹ Man denkt immer, sowas gibt's nur in amerikanischen Krankenhausserien. Der Arzt hat mich zur Seite genommen und mit mir geredet. Ich habe ihm gesagt, dass ich wahnsinnige Angst habe, dass mein Mann sich noch einmal operieren lässt. Ich wusste doch, er ergreift jeden Strohhalm. Meine Sorge war, dass er den Eingriff nicht überlebt und sich nicht von seinen Kindern, seinen Eltern, seinem Bruder verabschieden kann.

Letztlich stellte sich bei den Untersuchungen erneut heraus, dass eine Operation gar nicht möglich war. Zum ersten Mal hat ein Arzt meinem Mann daraufhin ganz deutlich gesagt, dass man nichts mehr tun könne und dass er nun sterben werde. Er hat die Nachricht vollkommen ruhig aufgenommen. Das hatte ich nicht erwartet. Ich hatte immer gedacht, er würde zusammenbrechen, wenn man ihn schonungslos mit der Wahrheit konfrontiert. Mittlerweile glaube ich: Er hat alles gewusst und das Thema Tod für sich doch irgendwie geklärt. Seine Patientenverfügung hatte ich nie in die Hand genommen. Als ich sie am Ende aus der Schublade holte, fand ich zwei Texte, die er dazu gelegt hatte – unheimlich tröstliche Texte, die später an seinem Grab vorgelesen wurden.

Am Nachmittag bin ich nach Hause gefahren, um den Kindern zu sagen, dass ihr Vater stirbt. Ich habe mich mit ihnen aufs Bett gesetzt und wir haben zusammen geweint. Die letzten fünf Tage habe ich durchgehend bei meinem Mann im Krankenhaus verbracht. Die Kinder waren immer wieder mal dabei, am ersten und am zweiten Tag hat mein Mann ihnen noch vorgelesen, am dritten war er dafür schon zu schwach. Zu sehen, wie er in sich zusammenfiel, brach einem das Herz. Ich beschloss, dass die Kinder ihn lebendig in Erinnerung behalten sollten und nicht mehr kommen würden. Am Abend des dritten Tages haben er und ich uns voneinander verabschiedet, das war richtig gut. Wir haben über vieles gesprochen, vor allem über das, was war.

Ab dem vierten Tag wachte mein Mann nur noch für kurze Zeit auf, konnte kaum noch sprechen. Am fünften Tag habe ich gemerkt: Ich kann nicht mehr. Man sagt, viele Menschen können erst loslassen, wenn ihre Liebsten weg sind. Das kam mir oft in den Sinn. Der Arzt, der mich zuvor zum Weinen eingeladen hatte, nahm mich erneut zur Seite und sagte: ›Sie sollten einmal darüber nachdenken, ob Sie nicht gehen.‹

Das war mittags. Ich habe ein paar Stunden überlegt und bin am späten Nachmittag gefahren, während der Bruder meines Mannes bei ihm blieb. Es war ein wunderschöner Herbsttag. Ich saß mit den Kindern im Garten und war unendlich dankbar, zu Hause zu sein.«

Weitblick

»Heike hatte früher Klavier gespielt, aber seit der Operation ging das nicht mehr, die nötige Fingerfertigkeit war weg. Vielleicht hätte sie sogar noch ein bisschen spielen können, aber nicht mehr auf dem gleichen Niveau wie vorher, und ich glaube, deshalb ließ sie es lieber ganz. Sie war eine starke Frau mit hohen Erwartungen an sich selbst. Sie war erfolgreich, hatte sich in einer Männerdomäne hochgearbeitet und nahm in der Firma, in der sie beschäftigt war, eine Führungsposition ein. Selbst als sie schon krank war, haben Kollegen sie oft um Rat gefragt. Sie war jemand, der ständig Beschäftigung brauchte, für die Hände und für den Kopf.

So ist sie zum Malen gekommen. Als sie auf der Palliativstation war, malte sie auch mit mir. Sie hat sich dazu gesetzt und mitgemacht, obwohl sie damals ziemlich aufgelöst und verzweifelt war. Ihre Krankheit war weit fortgeschritten. Das Malen lenkte sie ab, zumindest für kurze Zeit.

Heikes erstes Bild zeigte ein Segelboot. Mit dem Segeln kannte sie sich aus, sie sprach von der Takelage, von Seitenschwertern, der Art des Segels. ›Das ist das Boot für meine letzte Reise‹, hat sie gesagt, ›aber es ist noch feste, es liegt bloß bereit.‹

Das Bild von dem Boot ist mit Hilfe einer Technik entstanden, bei der das Papier vorher dreimal nass gemacht wird. Die Patienten malen

Sigrid Bernard, Kunsttherapeutin

darauf mit flüssigen Aquarellfarben. Die fertigen Bilder lege ich zum Trocknen in den Keller. Danach ist das Papier ein bisschen wellig, ich presse es noch, damit es glatt wird. Heike bekam ihr Bild also erst einige Tage später zurück. Als ich es ihr brachte und zeigte, war sie ganz erschrocken. Man konnte richtig sehen, wie sie zusammenfuhr. Sie müsse das Bild sofort ändern. Ich verstand nicht, was sie meinte.

Das Boot könne überhaupt nicht liegen, sagte sie. ›Die Segel sind gespannt, das ist schon auf Fahrt!‹ Sie hatte Recht – die Segel waren stramm, der Wind hätte das Boot jederzeit losreißen können. Mir war dieses Detail noch gar nicht aufgefallen. Heike hat dann versucht, es zu korrigieren, indem sie lose Schlaufen an das Segel malte. ›Jetzt kann es flattern‹, hat sie gemeint.

Das Bild war immer noch nicht stimmig und ist es bis heute nicht. Eigentlich müsste das Segel heruntergelassen sein, aber so ganz ließ sich das natürlich nicht mehr reparieren. Ich denke, dass sie das gewusst hat. Manchmal weiß der Körper Dinge, die der Kopf noch nicht hören will. Heike wollte nicht gehen. Wenn man eine solche Diagnose hat, beginnt eine Reise. Viele verdrängen zunächst, dass die Krankheit unheilbar ist. Später wiederum ist der Gedanke daran bei einigen so stark, dass sie an kaum etwas anderes denken können. Außer vielleicht für eine Weile, vielleicht beim Malen, so wie Heike.

Das Bild vom Segelboot entstand im Februar. Die Ärzte auf der Palliativstation hatten Heike damals noch gut helfen können und sie nach Hause entlassen. Im April habe ich sie erneut getroffen. Es ging ihr deutlich schlechter, sie konnte nicht mehr laufen. Trotzdem wollte sie gerne wieder malen. Diesmal zeigte ihr Bild einen Wohnwagen. Es war immer ihr Wunsch gewesen, mit ihrem Mann noch eine Reise zu machen. Von diesem Plan hat sie sehr gezehrt.

Ich dränge den Patienten keine Deutungen ihrer Bilder auf. Wir schauen uns die Arbeiten aus unterschiedlichen Blickwinkeln gemeinsam an und ich stelle Fragen. Ich frage auch, ob sie wissen möchten, wir ihr Bild auf mich wirkt. Ich sage immer gleich dazu, dass

das nichts heißen muss, dass es vielleicht nur meine eigenen Ideen und Gefühle sind, aus denen sich eine bestimmte Wahrnehmung speist.

Auch über das Wohnwagen-Bild haben Heike und ich gesprochen. Es war unheimlich farbenfroh, weil sie sich beim Malen an frühere Urlaube erinnert hatte. Zugleich war der Wohnwagen umgeben von immer enger werdenden Kreisen. Heike wusste ziemlich genau, was das Bild für sie bedeutete. Dieser Traum von der Reise war schön und er hat ihr Kraft gegeben. Doch ihr war auch klar geworden, wie gefangen sie von der Vorstellung ist, diese Reise unbedingt noch machen müssen. Sie war sich bewusst, dass ihr Zustand schon sehr wechselhaft war. Die Ärzte haben ihr damals geraten, keine weitere Chemotherapie zu beginnen, weil es ihr mehr schaden als helfen würde. Im Sommer ist sie gestorben – genau zu der Zeit, in der ich mit den Patienten manchmal draußen auf der Terrasse male. Ich glaube, das hätte ihr gefallen.«

Entschiedenheit

»Als Heimaufsicht haben wir es oft mit Angehörigen zu tun, die endlich Abschied nehmen möchten. So ging es auch jenem Mann, der mich eines Tages anrief. Sein Vater hatte Demenz in einem fortgeschrittenen Stadium und lebte schon seit langer Zeit in einer Einrichtung. Er wurde dort gut versorgt, die Kinder waren sehr zufrieden. Die Pfleger machten einen tollen Job, regelmäßig kamen Physiotherapeuten, um beim Vater noch eine gewisse Beweglichkeit herzustellen. Ab und zu wurde er sogar in den Rollstuhl gesetzt – selbst wenn es ein Liegendrollstuhl war, weil er sich nicht mehr aufrecht halten konnte. Diese ausgezeichnete Pflege hielt ihn am Leben, obwohl er nicht mehr bewusst teilhaben konnte und über eine Magensonde ernährt werden musste. So ging das über Jahre.

Irene Lambrecht arbeitet bei der Heimaufsicht der Stadt Essen. Sie setzt sich dafür ein, Palliativmedizin in der stationären Alten- und Behindertenpflege zu verankern. Die Entschiedenheit, mit der die Kinder dieses demenzkranken Mannes Fachkräfte dazu brachten, ihr berufliches Selbstbild zu überdenken, hat sie beeindruckt. »Leider sind Pfleger mit palliativmedizinischen Kenntnissen immer noch eine Seltenheit. Das ist nicht zuletzt eine wirtschaftliche Frage, die Ausbildung muss bezahlt werden. Und die Pflegekräfte müssen den Willen und die Zeit haben, sich mit dem Thema auseinanderzusetzen.«

Einer der Söhne machte sich schließlich auf den Weg, um durch Gespräche mit Ärzten und anderen Fachleuten eine Antwort auf die Frage zu finden, ob das tatsächlich noch Leben ist. Er hatte zunehmend Zweifel daran, dass sein Vater in diesem Zustand hätte weitermachen wollen. Dem Sohn war es, als sendete sein Vater Signale aus. Er hatte oft Krämpfe, sein Körper versteifte sich, etwa bei der Physiotherapie. Fast hatte es den Anschein, als wehrte er sich innerlich dagegen. Der Sohn hat viel nachgedacht: Wie war der Vater, als er gelebt hat? Wie hätte er diese Situation bewertet? Den mutmaßlichen Patientenwillen zu bestimmen, ist unglaublich schwer. Wenn dieser Willen vorher nicht niedergelegt wurde, kann man es nicht mehr nachholen, dann kann man nur noch aus der persönlichen Geschichte heraus zu ergründen versuchen, was dieser Mensch gewollt hätte. Das gelingt nicht immer. Bei dieser Familie jedoch hatte ich das Gefühl: Die kannten sich gut.

Hinzu kam, dass durch Zufall sogar noch eine Patientenverfügung des Vaters auftauchte. Sie war irgendwo abgeheftet worden, als er Jahre zuvor in die Einrichtung gekommen war, und niemand hatte sich darum gekümmert. Damals waren Patientenverfügungen noch nicht üblich. Dieser Mann aber war Jurist gewesen und hatte schon zu einem Zeitpunkt ein Augenmerk auf solchen Dingen, als sie anderen noch völlig unbekannt waren. In der Verfügung hatte er niedergelegt, dass er keine lebensverlängernden Maßnahmen wollte. Der Sohn hat versucht, mit der Heimleitung darüber zu sprechen. Die aber ging nicht darauf ein. Zu jener Zeit war es noch verdächtig, wenn jemand sich dafür einsetzte, dass ein geliebter Mensch sterben darf. Eigentlich ist das heute noch oft so.

Der Sohn und die Geschwister, die sich inzwischen einig waren, haben nicht lockergelassen. Sie haben sich richtig in das Thema reingekniet, haben alle medizinischen, rechtlichen, pflegerischen Möglichkeiten ausgelotet. Immer wieder haben sie das Gespräch mit den Verantwortlichen gesucht und schließlich im Pflegeheim eine so genannte ethische Fallbesprechung durchgesetzt. Dabei arbeiten die

Beteiligten aus den verschiedenen Bereichen bestimmte Fragestellungen ab – aus Sicht der Pflege, aus Sicht der Angehörigen, aus Sicht der Medizin. Der Hausarzt des Vaters konnte allerdings nicht an der Runde teilnehmen, und so waren es wieder vor allem Vertreter des Heims, die den Geschwistern gegenüber saßen.

Bei dem Gespräch stellte sich heraus, dass die Pflegekräfte den Wunsch der Kinder als persönlichen Angriff empfanden. Sie verstanden ihn als Kritik an ihrer Arbeit, als Vorwurf, sie hätten den Vater nicht richtig versorgt. Ihn in seinem Zustand zu erhalten, das nahmen sie nun mal als ihre vordringliche Aufgabe wahr. Man könne doch sehen, dass es ihm gut gehe, sie täten doch alles für ihn. Sie hätten das nun schon so lange und zu allseitiger Zufriedenheit gemacht – aus welchem Grund sollte sich das ändern? Das Ansinnen der Kinder war den Pflegern völlig fremd, sie wussten damit nicht umzugehen. ›Wir können ihn doch nicht verhungern und verdursten lassen‹, sagten sie immer wieder, ›was sollen wir denn machen?‹ Sicher war da auch eine Angst vor dem Abschied von diesem langjährigen Patienten. Die Kinder dagegen wollten endlich Abschied nehmen, und sie hatten das Gefühl, ihr Vater will es auch.

Eine Einigung war nicht möglich, im Gegenteil: Es entwickelte sich ein richtiger Streit. Irgendwann hat man sich darauf verständigt, den Mann in eine Einrichtung zu verlegen, in der er palliativmedizinisch versorgt werden konnte, in der die Mitarbeiter entsprechend geschult waren und wussten, dass man niemanden verhungern und verdursten lassen muss, sondern dass es auch andere Möglichkeiten gibt. Dort bekam er ein schönes Zimmer, seine Schmerzen wurden nur noch gelindert, die Sonde entfernt, natürlich alles in Absprache mit einem Arzt. Die Kinder waren froh, sie konnten den Vater begleiten, waren jeden Tag da. Später berichteten sie, im Laufe der Zeit habe sich sein Gesichtsausdruck verändert. Das Verkrampfte, das er zuvor oft gehabt hatte, ging weg, löste sich langsam auf. Es hat ein halbes Jahr gedauert, bis er gestorben ist.

Die frühere Einrichtung, die ein solches Vorgehen abgelehnt hatte, ließ ihre Pflegekräfte danach ebenfalls palliativmedizinisch ausbilden. Die Heimleitung hatte eingesehen, dass solche Fälle nun häufiger auf sie zukommen würden und man nicht immer im Streit auseinander gehen konnte. Auch dort sind sie jetzt in der Lage, diese Situationen innerhalb des Hauses zu bewältigen. Heute wäre das kein Problem mehr.«

Umsicht

»Wer eine Bergwanderung unternimmt, muss gut planen. Im Rucksack ist wenig Platz, und zu schwer werden darf er auch nicht. Andererseits wird man vieles benötigen: Kleidung für alle Wetterlagen, Landkarten, Kochutensilien, und vielleicht möchte man neben den rein praktischen Dingen auch Persönliches dabei haben: ein Buch, ein paar Fotos, Erinnerungen eben. Wenn eine Reise unerwartet kommt und man von jetzt auf gleich aufbrechen muss, packt man oft wahllos alle möglichen Sachen zusammen – aus Sorge,

Diplom-Psychologe Volker Mattukat begleitet Menschen in der letzten Lebensphase, viele nimmt er mit auf eine Wanderung in Gedanken. Die Geschichte dazu hält er bewusst offen, die Bilder sollen erst im Kopf des Zuhörers entstehen, schließlich hat jeder unterschiedliche Erinnerungen, an die er anknüpft. »Man kann nicht eine Entspannungs-CD einlegen und sagen: Das ist die Bergwiese.« Jede Bergwiese riecht anders, klingt anders. Wie die Landschaften seiner Patienten aussehen, darüber erfährt Mattukat oft genau so wenig wie über den Ballast, den sie zurücklassen. »Manchmal ist es besser, gar nicht darüber zu sprechen.« Wem diese Worte aus dem Munde eines Psychologen seltsam erscheinen, muss sich die besondere Situation vor Augen führen, in der Mattukat arbeitet. Manchem Patienten begegnet er nur ein einziges Mal. »Wenn ich jemanden dränge, gehen wir in einen Kampf. Dafür hat der Patient keine Zeit.«

es könnte etwas fehlen, und weil man nicht weiß, wie lange die Reise dauern wird.

Bei vielen Patienten, die ich auf der Palliativstation psychologisch begleite, ist das so. Sie haben viel Gepäck. Gerne gehe ich deshalb gemeinsam mit ihnen auf eine Wanderung – im Kopf. Erst kürzlich war ich mit einer Frau unterwegs, die ihr ganzes Leben lang einen starken inneren Antrieb hatte, sich um alle zu kümmern. Durch ihre Krankheit war sie nun sehr eingeschränkt in den Aufgaben, die sie immer als so wichtig empfunden hatte: den Haushalt führen, Essen machen, den Ehemann und die Kinder versorgen, auch wenn die inzwischen schon erwachsen waren. All das war ihr jetzt nicht mehr möglich, jedenfalls nicht annähernd in der Form, in der sie es von sich erwartete. Es war für sie schwierig einzusehen, dass nun sie die Hilfsbedürftige war.

Ich habe angeboten, ihr eine Geschichte zu erzählen. Sie sollte davon nur das aufnehmen, was sie möchte, und alles andere vorbeiziehen lassen – wie auf einer Reise: Ich schaue mir bloß das an, was mich interessiert. Also ist sie losgewandert.

Sie war schon eine ganze Weile unterwegs, als sie das Hochplateau erreichte. Ich habe ihr geraten, sich einen Ort zum Ausruhen zu suchen. Sie hat einen schönen Platz gefunden, den Rucksack abgelegt und sich hingesetzt. Sie hat den Geräuschen der Umgebung gelauscht, hat den Wald gerochen und den leichten Wind gespürt, der über ihre Hand strich. Irgendwann stand sie auf und sah sich um. Dabei traf sie auf ein freundliches Wesen, das ein Geschenk für sie dabei hatte. Sie bedankte sich und man sprach kurz miteinander, dann kehrte die Frau an ihren Ruheplatz zurück. Dort verschnaufte sie noch eine Weile, bevor sie sich bereit machte, wieder aufzubrechen.

Vielleicht sei es sinnvoll, sagte ich ihr, sich vorher noch einmal die Dinge in ihrem Rucksack genau anzusehen und zu überlegen, ob sie alles darin noch brauche und weitertragen wolle. Schließlich stand der Weg höher hinauf ins Gebirge an. Da konnte jedes Gramm zu viel zur

Last werden, und die Frau hatte keine große Kraft mehr. Also breitete sie auf dem Boden aus, was sie in ihrem Rucksack hatte, und schaute sich alles einzeln an. Einiges packte sie wieder ein, anderes ließ sie zurück, als sie sich schließlich an den Aufstieg machte.

Ich weiß nicht, was sie zurückgelassen hat und was sie auf den letzten Metern unbedingt bei sich haben wollte. Als ich sie aber fragte, ob es sich besser anfühle, ob der Rucksack jetzt angenehmer zu tragen sei, da lächelte sie und atmete ruhig weiter.

Nicht immer gehen die Menschen von diesem Ruheplatz aus erleichtert weiter – mancher schafft es nicht, sich von Dingen in seinem Gepäck zu trennen. Einmal nahm ich eine Patientin mit, die eine große Schwere in sich trug. Sie hat alles immer wieder überdacht, hat jede Entscheidung hinterfragt, die sie im Leben getroffen hatte. Sie hatte in der Vergangenheit große Schwierigkeiten und viel Ärger erlebt – das war für sie die Erklärung, warum sie einen Tumor hatte. Ich hatte die Hoffnung, dass diese Wanderung bei ihr etwas lösen könnte. Es hatte aber leider nicht den Effekt, den ich mir gewünscht habe. Auf der Reise gibt keine Garantie.«

Offenheit

»Der alte Mann und das Meer – das war mein Gedanke, als ich meinen Vater da sitzen sah. Ich habe das Bild noch genau vor Augen. Wir waren über Silvester an die Nordsee gefahren, hatten ein schönes Ferienhaus gemietet. Mein Vater brauchte damals schon zwei Gehstöcke, den Weg zum Strand hat er nicht mehr geschafft. Also ist er im Auto geblieben, während wir anderen am Wasser spazieren gingen – mein Mann, die Kinder, meine Mutter und ich. Mein Vater saß im Auto auf dem Parkplatz, die Beine durch die geöffnete Beifahrertür nach draußen gestreckt, und sah in die Ferne. Wie ich vom Strand zu ihm herüberblickte, dachte ich plötzlich: ›Das ist das letzte Mal, dass er das Meer sieht. Das kommt nicht wieder.‹ Dieser Moment war sehr traurig, aber zugleich hatte ich das Gefühl, ihn genießen zu müssen. Offen sein zu müssen für diesen Augenblick.

Ich bin überzeugt, dass es beim Sterben Vorboten gibt. Schlüsselmomente, in denen man spürt, dass der Prozess beginnt, dass sich etwas verändert. So wie bei meinem Vater. Dabei war er weder besonders alt noch war er krank, er war nur stark eingeschränkt. Sein Tod kam ein paar Monate nach jenem Ausflug ans Meer ganz plötz-

Marina Lehmann ist seit 30 Jahren in der Altenpflege tätig und leitet ein Essener Seniorenheim. Das Haus nimmt an einem Projekt teil, bei dem Pflegekräfte in Alten- und Pflegeeinrichtungen palliativmedizinisch geschult werden.

lich. Es war inzwischen Mai und ich wollte mit meiner Familie in den Schwarzwald fahren. Meine Eltern waren bei uns zu Hause, um auf den Hund aufzupassen. Alle saßen schon im Auto und ich bin nochmal die Treppe hoch, weil mein Vater nicht Tschüss gesagt hatte. Eigentlich hat er immer gewunken oder ein bisschen beim Einpacken geholfen, diesmal aber war er auf dem Sofa liegen geblieben. Ich habe ihn zum Abschied gedrückt und gedacht: Das musste jetzt sein.

Als wir gerade im Schwarzwald angekommen waren, wurde meiner Tochter übel. Es ging ihr richtig schlecht, obwohl sie eigentlich nie Probleme mit langen Autofahrten hatte. ›Mama‹, sagte sie, ›mir ist so komisch.‹ Dann kam der Anruf, dass mein Vater einen Hirnschlag erlitten hatte. Wir haben sofort umgedreht und sind zurückgefahren.

Als ich ins Krankenhaus kam, sagte mein Vater zu mir: ›Nach Hause.‹ Ich wusste damals noch nicht, was es heißt, wenn Sterbende von Zuhause reden. Ich habe gesagt: ›Ich kann dich jetzt leider nicht mit nach Hause nehmen, die Ärzte müssen erst schauen, was mit dir los ist.‹ Außerdem sagte mein Vater noch: ›Klär’ bitte alles mit Gisela.‹ Ich dachte erst, er meint meine Tante und habe mich gefragt, ob sie Streit hatten. Viel später ist mir aufgegangen, dass er von einer Bekannten gesprochen hatte, die mit ihrem Mann ein Beerdigungsinstitut führt. Fünf Tage später ist mein Vater gestorben. Ich hatte das Gefühl, es ist alles in Ordnung. Da ist nichts geblieben. Mit dem Wissen von heute wäre trotzdem vieles anders gewesen. Zwischen dem Tod meines Vaters und dem Tod meiner Tante ein paar Jahre später habe ich unheimlich viel gelernt.

Meine Tante war schwer krank, sie hat irgendwann von selbst angefangen, über ihren Tod zu sprechen. Über ganz praktische Fragen, die damit zusammenhingen, die Beerdigung zum Beispiel. Sie sagte Dinge wie: ›Wenn ich sterbe, möchte ich weiße Rosen auf meinem Sarg haben.‹ Ich habe ihr versprochen, dass sie weiße Rosen bekommen wird, und sie gebeten, mir Bescheid zu sagen, falls sie noch andere Wünsche hat. Später hat sie mir die Kleidung gezeigt, die sie im Sarg tragen wollte. Das mag für manchen befremdlich klingen, aber ich finde, Offenheit und klare Äußerungen tun allen Beteiligten gut. Die Sterbenden wissen genau, in welcher Situation sie sich befinden. Man neigt als Angehöriger dazu, den Gedanken an den Tod eines geliebten Menschen wegzuschieben, doch das hilft niemandem weiter. Für mich war es erleichternd, dass ich mit meiner Tante auf diese Weise reden konnte. Als ich die Beerdigung geplant habe, wusste ich, dass alles so war, wie sie es wollte, wie wir es besprochen hatten. Das hat mir viel Kraft gegeben. Ein Verlust tut noch mehr weh, wenn diejenigen, die bleiben, nicht wissen, ob sie alles richtig gemacht haben.

Anders als meine Tante hatte mein Vater nicht viel übers Sterben geredet, er hat höchstens geflachst. Zu dem Bekannten mit dem Beerdigungsinstitut hatte er eine Woche vor seinem Tod noch gesagt: ›Heribert, du weißt Bescheid. Nimm schon mal meine Maße.‹ Ich denke, dass er sich innerlich durchaus mit dem Sterben beschäftigt hat, er hat diese Gedanken aber kaum mit uns geteilt, vielleicht weil er uns nicht belasten wollte. Das war ein stilles Abkommen. Nun wussten wir glücklicherweise trotzdem recht gut, wie er sich fühlte, was er wollte und was er nicht wollte. Ich wusste, dass er kein Pflegefall sein wollte. Er konnte sein Leben schon seit einer Weile nicht mehr so leben, wie er es sich vorstellte, und das war schwer für ihn. Offen besprochen worden waren diese Dinge aber selten, und schon gar nicht war irgendetwas schriftlich fixiert worden. Von Patientenverfügungen war damals kaum die Rede. Das führte im Krankenhaus zu einer Situation, die sich mir als mahnende Erinnerung eingeprägt hat. Als mein Vater nicht mehr in der Lage war, selbst Entscheidungen darüber zu treffen, was die Ärzte noch unternehmen sollten, wurden meine Mutter und ich getrennt voneinander befragt. Ob es sein Wunsch gewesen wäre, künstlich am Leben erhalten zu werden? Wir haben beide die gleiche Antwort gegeben, trotzdem möchte ich eine solche Situation nicht noch einmal erleben.

Es gibt diesen Film, in dem eine krebskranke Frau unbedingt in einem kleinen Holzboot beerdigt werden möchte. Das Boot steht fertig im Garten, die Kinder turnen darauf herum. Der nächste Geburtstag der Frau geht ins Land, dann der übernächste. Für ihre Bekannten ist es schwer, bei Besuchen ständig dieses Boot zu sehen, das an den baldigen Tod der Freundin erinnert. Am Ende wird sie tatsächlich darin begraben, und für alle ist es gut so. Diese Geschichte gefällt mir. Es geht um Selbstbestimmung und darum, zu sagen: Was will ich? Viele drängen das alles an die Seite. Ich weiß nicht, woher diese Angst kommt – vielleicht aus dem Gedanken heraus, dass man der nächste sein kann. Das muss man abbauen. Angst kommt von Unwissenheit.

Man sollte auch wissen, dass Sterben kein Kampf sein muss. Hier im Altenheim setzen wir mehr und mehr auf Palliativmedizin, lassen unsere Mitarbeiter entsprechend ausbilden. Wir achten jetzt stärker auf Symptome, auf die Atmung etwa. Ist der Patient entspannt, was braucht er? Meistens sind eher Streicheleinheiten als medizinische Pflege gefragt, darauf weisen wir dann die Angehörigen hin. Wir suchen nach individuellen Lösungen. Pflege muss kreativ sein, da kann man kein Standardprogramm aufsetzen, muss auf Wünsche eingehen. Wenn jemand eine Krebserkrankung hat, machen wir alles. Dafür braucht es natürlich eine bestimmte Haltung bei den Mitarbeitern. Wenn ein Bewohner unbedingt Rührei möchte, dann muss die Köchin eben nochmal Rührei machen, auch wenn alle genau wissen, dass er vielleicht nur einen Löffel davon essen wird.

Um jemandem in dieser Situation etwas Gutes zu tun, muss man ihn kennen. Deshalb versuchen wir, so viel wie möglich aus dem früheren Leben unserer Bewohner zu ermitteln, wir arbeiten biografisch. Was könnte positive Gefühle auslösen? Ein bestimmtes Parfum vielleicht, weil es ans Ausgehen erinnert und an gemeinsame Abende mit Freunden? Eine bestimmte Musik? Viele Angehörige fühlen sich mit solchen Fragen überfordert. Besonders schwierig ist es aber, wenn

Bewohner überhaupt keine Angehörigen mehr haben, die uns etwas von ihnen erzählen könnten.

Mit meinem Vater hatte ich zu Weihnachten ein Ritual. Ich singe im Kirchenchor und wenn ich aus der Christmette zurückkam, setzten wir uns immer zusammen unter den Baum und tranken einen richtig guten Cognac. Das habe ich nie wieder mit jemand anderem gemacht.«

Eigensinn

» Das Sterben auf der Palliativstation ist so unterschiedlich wie die Menschen dort. Wir bemühen uns, auf ihre Wünsche einzugehen. Jeder hat seine eigenen Vorstellungen, sehnt sich in den letzten Tagen nach ganz verschiedenen Dingen. Nicht alle Patienten sind in der Lage, diese Wünsche noch mitzuteilen, aber wenn sie es tun und wenn es sich irgendwie machen lässt, dann kümmern wir uns darum, dass sie erfüllt werden. Deshalb passieren auf der Station auch schon mal Dinge, die dem üblichen Bild vom Sterben vielleicht widersprechen.

Auch wir stoßen dabei mitunter an Grenzen, an bürokratische etwa. Oft möchten Patienten unbedingt ihr Haustier sehen. An dessen Nähe sind sie gewohnt, es gehört zu ihrer vertrauten Umgebung, die sie nun plötzlich nicht mehr haben. Das macht die Situation im Krankenhaus für sie noch schwieriger, als sie ohnehin schon ist. Also geben wir uns Mühe, Lösungen zu finden. Den Hund oder die Katze ins Zimmer zu holen, geht natürlich nicht. Wir können aber mit den Angehörigen verabreden, dass sie das Tier aufs Parkdeck bringen, und den Patienten im Rollstuhl hinschieben. Wenn das Herz dran hängt, machen wir fast alles möglich.

Für andere Patienten ist die Zigarette wichtig. Im Sommer bringen wir sie nach draußen und lassen sie rauchen. Viele Menschen finden es seltsam, dass wir als Pflegende ihnen das ermöglichen. Ich sage: Warum nicht?

Dörte Gründer-Niewendick, Krankenschwester auf der Palliativstation

Wieder andere Patienten möchten gerne in einer bestimmten Umgebung sein – draußen vielleicht. Sie möchten den leichten Wind spüren, eine besondere Wärme oder Kälte. Sie möchten das natürliche Licht noch mal erleben, in die Sonne blinzeln. Je nach Wetter packen wir die Patienten warm ein und schieben sie auf die Terrasse der Station. Von dort kann man ins Grüne gucken. Es gab auch schon Patienten, die sich gewünscht haben, auf der Terrasse zu sterben.

Das Sterben unterscheidet sich auch darin, ob die Menschen zum Ende allein sein möchten oder nicht. Die einen nehmen Angebote ganz bewusst wahr und reagieren auf Kontaktversuche, sei es von Angehörigen, von Mitarbeitern oder von weiteren Patienten. Andere dagegen sind völlig in sich versunken, wollen am liebsten nichts hören und nichts sehen. Wie es im Leben ist, ist es auch im Sterben: Der eine zieht sich zurück, der andere nimmt teil.

Letzteres galt für einen Patienten, der absolut nicht in sein Zimmer und in sein Bett wollte. Ich erinnere mich gut an die vielen Diskussionen, die wir mit ihm geführt haben. Er hat sich schlichtweg geweigert, ins Zimmer gebracht zu werden. Vermutlich dachte er, dass er verloren hat, wenn er sich ins Bett legt. Dass es dann zu Ende geht. Sich hinzulegen hätte für ihn eine Kapitulation vor dem Tod bedeutet. Dagegen hat er sich mit Händen und Füßen gewehrt, er wollte unbedingt leben.

Sein Bett blieb anfangs denn auch fast unbenutzt. Von morgens bis abends saß er im Wohnzimmer der Station. Dort gibt es einen großen Esstisch, wo Frühstück und Abendbrot aufgebaut werden. Wer kann und möchte, bedient sich dort. Es gibt in dem Raum eine Küchenzeile, Patienten und Angehörige können sich mit Tee und Kaffee versorgen. Außerdem haben wir eine Sofaecke eingerichtet mit Fernseher und Musikanlage, Büchern und Spielen. Täglich liegen Zeitungen aus. In diesem Wohnzimmer saß der Mann ständig. Er brauchte die Geräuschkulisse, das Kommen und Gehen, das Klappern des Geschirrs und die Gespräche, die vom Flur hereindrangen. Seine

Frau erzählte, dass er auch zu Hause immer furchtbar gerne in der Küche gesessen hatte. Und kennt man das nicht selbst? Es ist doch oft so, dass die Küche der gemütlichste Raum des Hauses ist, in dem immer wieder alle zusammen kommen, sogar wenn es eng wird und anderswo mehr Platz wäre. Ebenso schön kann es sein, die Küche für sich alleine zu haben – morgens als erster dort am Tisch zu sitzen, während das Haus noch schläft und bevor die Geschäftigkeit ausbricht. Dieser Patient hat es offenbar ganz stark so empfunden. Das Wohnzimmer war während der Zeit bei uns sein Orientierungspunkt, ganz egal, wie schlecht es ihm ging.

Zum Schluss hat er es körperlich nicht einmal mehr geschafft, auf einem Stuhl zu sitzen. Es schien, als seien die Wohnzimmertage nun doch gezählt. Er sah das völlig anders. Obwohl er sich kaum noch halten konnte, hat er weiterhin darauf bestanden, ins Wohnzimmer gebracht zu werden. Er ist immer schwächer geworden, aber in seiner Weigerung, den ganzen Tag im Bett zu liegen, blieb er stark. Wir waren zunächst ratlos. Dann aber haben wir sein Bett einfach so eingestellt, dass er darin sitzen konnte, und es im Wohnzimmer geparkt. Das Wohnzimmer ist geräumig, und so lag er dort in dieser halbsitzenden Haltung, während um ihn herum der Alltag der Palliativstation weiterlief. Er hat im Wohnzimmer viele, viele Stunden verbracht, fast immer war seine Frau bei ihm. Er hat den Leuten zugesehen, hat einfach die Eindrücke von Leben in sich aufgenommen, die für uns so selbstverständlich sind, dass wir sie gar nicht mehr bemerken.

Zur Verständigung war er am Ende kaum noch in der Lage, aber diese Klänge von Leben und Betriebsamkeit, die ihm so wichtig waren, sind bestimmt noch zu ihm durchgedrungen. In seinem Zimmer war er unruhig gewesen, hatte ständig geschellt, war immer wieder aufgestanden. Als wir das geregelt hatten und er im Wohnzimmer sein konnte, da war er einfach zufrieden. Er hat bloß da gesessen und zugehört. Er brauchte das.«

Akzeptanz

» Draußen lag noch Schnee, es war Ende Februar. Das Hospiz ist in einem alten Gebäude untergebracht und als wir ankamen, war es kalt im Zimmer. Die Leiterin hat gleich einen Radiator gebracht, um den Raum aufzuwärmen. Meinen Vater hat man in Decken gepackt, bald entspannte er sich. Diesen Begriff, jemand sei ›nicht mehr ansprechbar‹, finde ich schrecklich. Jeder Mensch ist ansprechbar. Ob er reagiert, steht auf einem anderen Blatt.

Die Zeit im Hospiz kam mir vor wie zwei Wochen, dabei waren es weniger als zwei Tage. Auch ich kam endlich zur Ruhe. Obwohl ich Krankenschwester bin und mehr als 20 Jahre in der häuslichen Pflege gearbeitet habe, hatte ich in den vorherigen Monaten feststellen müssen, dass ich als Tochter an meine Grenzen kam. Geduld mit meinem Vater zu haben, mit seinem Starrsinn, mit seiner Eigenständigkeit, ihn nicht zu überfrachten – das war eine Herausforderung. Er litt seit langem an Diabetes. Meine Geschwister und ich hatten

Annette Hohlweck-Müller ist Koordinatorin der ambulanten ökumenischen Hospizgruppe Essen-Werden, sie organisiert die Begleitung von Schwerstkranken und Sterbenden durch Ehrenamtliche. Vor dem Tod ihres Vaters kannte sie stationäre Hospize nur von gelegentlichen Besuchen. »Jetzt kann ich meine Erfahrungen besser weitergeben. Liebevoll miteinander umgehen, sensibel sein, zu gucken, was dem anderen gut tut – das ist im Hospiz gefragt.«

immer gedacht, er sei auch dement. Bis ein Arzt uns ermahnte, wir sollten die Ansprüche an unseren Vater herunterschrauben, er sei schlicht und ergreifend alt.

Dass wir diese Tatsache so lange nicht akzeptieren mochten, lag sicher auch an der Angst vor den Folgen. Wie sollte es weitergehen? Mein Vater lebte allein. Eines Tages kam er mit Herz- und Niereninsuffizienz ins Krankenhaus. Er wurde immer weniger – nicht nur körperlich, auch geistig. Kontakt ließ er kaum noch zu, zog sich Stück für Stück zurück, wie ein scheues Tier. Wollte man ihn einbinden, wehrte er ab.

Wir haben zunächst versucht, ihn in einem Altenheim unterzubringen. Man bot uns einen Platz in einem Zwei-Bett-Zimmer an, neben einem dementen Patienten, der den ganzen Tag sang. Die beiden gerieten schon aneinander, als sie sich bei einem ersten Besuch zufällig auf dem Flur begegneten. Das ging also nicht. Als mein Vater später erneut ins Krankhaus musste, schlug man uns vor, ihn in einem Hospiz anzumelden. Ich war überrascht, denn das Hospiz war für mich bis dato ausschließlich ein Ort für Menschen, die unheilbar an Krebs erkrankt sind – ein Irrtum. Innerhalb von zwei oder drei Tagen war die Bewilligung da und mein Vater angemeldet.

Vorerst gab es jedoch keinen freien Platz. Als mein Vater aus dem Krankenhaus entlassen wurde, brachten wir ihn deshalb in einer Kurzzeitpflege unter. Es ging es ihm sehr schlecht, er war bettlägerig, hat kaum noch reagiert. Das Wochenende war chaotisch. Meine Eltern waren getrennt, meine Mutter lebte in Freiburg und kam mit dem Zug angereist. Sie war sehr erschrocken, hat sich Sorgen und Vorwürfe gemacht. Wir hatten also auch noch unsere Mutter aufzufangen, während wir auf den Platz im Hospiz warteten.

Am Montagmorgen kam der Anruf. Mein Vater müsse bis zum Mittag da sein, sonst sei der Platz wieder weg. Der Transport war schlimm. Mein Vater hatte Magenkrämpfe, hat die Beine angezogen und ist aus der Fixierung gerutscht. Ich saß daneben, konnte ihn aber kaum halten. Die Fahrt ging durch die halbe Stadt, in jeder Kurve rutschte mein Vater auf der Trage hin und her. Ich war nass geschwitzt, als wir ankamen.

Der erste Tag im Hospiz verging, meine Schwester stieß hinzu, spät in der Nacht auch mein Bruder. Sessel wurden in den Raum geschoben, wir bekamen Decken, ich hatte von zu Hause ein Windlicht mitgebracht. Eine Nachtschwester schaute regelmäßig nach uns, brachte Tee, Kaffee, Salzstangen. Das mag merkwürdig nach Geselligkeit klingen, aber so war es, und es war gut so. Meinem Vater hat man Flüssigkeit gegeben, ihn ein bisschen gepflegt, doch im Großen und Ganzen ließ man ihn in Ruhe. Eigentlich haben die Mitarbeiter hauptsächlich uns begleitet, erst später ist mir das klar geworden. Dadurch, dass wir unterstützt wurden, konnten wir besser mit der Situation umgehen, und ich bin mir sicher: Mein Vater hat das gespürt.

Am Morgen hat man für uns den Frühstückstisch gedeckt, während er versorgt wurde. Gegen Nachmittag spitzte sich die Situation zu, mein Vater bekam Atemaussetzer. Wir hatten schon am Morgen meine Mutter angerufen, die gleich wieder in den Zug gestiegen war. Alle meine Geschwister stießen hinzu, selbst meine Schwester aus dem Süddeutschen – mit ihrem Hund, einem großen Collie. Auch der war willkommen im Hospiz. Abends machten die Mitarbeiter uns in der Wohnküche Essen. Als wir zurück ins Zimmer kamen, saß meine Mutter bei meinem Vater am Kopfende seines Bettes. Wir anderen standen um ihn herum, und in diesem Moment ist er gestorben. Er hat einfach aufgehört zu atmen.

Der Tod meines Vaters hat uns alle wieder mehr zusammengeführt. Er war ein Familienmensch – auch wenn er sich zurückgezogen hat, als er merkte, sein Leben geht zu Ende. Es war ein Glück, dass wir ihn so sein lassen konnten.«

Ankommensfreude

» Es war gegen Mittag, als ich den Anruf von der Palliativ-station bekam. Ob ich eine Trauung vornehmen könne? Es sei dringend, die Frau habe wahrscheinlich nur noch wenige Tage zu leben. Ich bin von meinem Büro gleich hinüber gelaufen und habe mir die Geschichte angehört.

Das Paar, um das es ging, lebte seit 15 Jahren zusammen. Beide waren Anfang 60, hatten schon andere Ehepartner gehabt. Das war eine richtige Patchwork-Familie, auch die Kinder der beiden fühlten sich einander verbunden. Die Idee, noch mal zu heiraten, stand bereits seit langem im Raum, aber es gab wohl eine gewisse Scheu, nach dem Motto: Wir sind doch schon so alt, da heiratet man nicht mehr. Die beiden haben das immer vor sich hergeschoben. Nun war der Gedanke in einem Gespräch zwischen der Oberärztin und der Frau, die an einer Krebserkrankung litt, wieder aufgetaucht. Es war ihr offenbar ein tiefer Wunsch, ihrem Lebensgefährten noch das Eheversprechen zu geben. Eher nebenbei hatte sie davon erzählt, aber es war eine große Traurigkeit darüber herauszuhören, dass das nun nicht mehr möglich sein sollte.

Wir haben von der Station aus gleich beim Standesamt angerufen. Es tue ihnen sehr leid, hieß es, aber es sei an diesem Tag beim besten

Krankenhausseelsorger Uwe Matysik

Willen nicht mehr möglich, jemanden vorbei zu schicken. Gleich am nächsten Morgen jedoch werde ein Standesbeamter kommen.

Nun fürchteten wir, dass die Frau die Nacht nicht übersteht. Ich habe zunächst gezögert, schließlich muss die standesamtliche Trauung der kirchlichen vorausgehen. Darauf zu beharren, war hier aber fehl am Platze. Ich habe den Angehörigen erklärt, dass wir etwas vorziehen, was eigentlich im Nachhinein stattfinden müsste, dass es sich genau genommen um eine Segnung und keine Trauung handelt, dass wir da jetzt aber keinen Unterschied machen.

Auf der Station brach gleich erhöhte Betriebsamkeit aus. Ruck zuck waren Blumen da, im Aufenthaltsraum hatten die Mitarbeiter einen Tisch festlich gedeckt. Sieben oder acht Gäste aus der Familie und dem Freundeskreis waren gekommen. Die Frau wurde in ihrem Bett in den Raum geschoben. Sie konnte nicht mehr aufstehen, war aber präsent und sagte ganz bewusst: Ja. Die Zeremonie dauerte nicht lange. Es war deutlich zu spüren, dass die Frau kaum noch Kraft hatte. Ich habe versucht, in wenigen, klaren Worten die Beziehung der beiden zu würdigen und ihnen deutlich zu machen, dass das Versprechen, das sie einander schon vor vielen Jahren gegeben hatten, noch einmal bekräftigt worden war. Dass sie gesegnet sind, egal, wie viel Zeit ihnen bleibt, und dass sie zusammen sein und zusammen gehören werden, ob sichtbar oder nicht.

Danach saßen wir noch eine Weile beieinander, es gab Kaffee, Kuchen und Sekt. Alle waren ein bisschen unsicher und beklommen. Was sagt man in einer solchen Situation? Gleichzeitig war da ein tiefes Glücksgefühl, es war eine ganz wertvolle Stunde. Jeder hat sich gefreut, dass den beiden dieses Erlebnis noch geschenkt worden war. Auch für den Ehemann hat es einen großen Unterschied gemacht. Hätte es die Trauung nicht gegeben – ich glaube, der Abschied wäre für ihn noch schwerer gewesen.

Am nächsten Morgen kam die Standesbeamtin und hat das Ganze rechtsgültig gemacht. Leider gelingt das nicht immer. Zwei weitere

Paare habe ich inzwischen im Krankenhaus getraut, in einem der Fälle haben wir die kirchliche Trauung ebenfalls vorweggenommen. Am nächsten Morgen war der Mann jedoch nicht mehr ansprechbar und in der Lage, sein Ja-Wort zu geben.«

Sabines Reise

Wenn Menschen vom Sterben erzählen, erzählen sie oft auch vom Reisen – nicht im übertragenen, sondern im wörtlichen Sinne. Häufig spielen Urlaube und Auslandsaufenthalte in ihren Berichten eine Rolle. Vielleicht, weil Reisen unser häufig unüberschaubares Leben strukturieren und rückblickend Orientierungspunkte bieten, aber auch, weil sie eine Auszeit vom Alltag bedeuten, weil sie Raum zum Nachdenken geben. Für keine andere Geschichte dieses Buches jedoch ist die Reise so bedeutsam wie für die von Sabine Koch, die im Alter von 32 Jahren an einer schweren Krebserkrankung starb. Ihre Eltern Monika und Friedrich Koch haben sie begleitet. Aus ihren Erinnerungen entstand der folgende Text.

Mittsommer. Überall in Finnland feiern die Menschen den Höhepunkt der hellen Jahreszeit. Es wird gelacht, getrunken, musiziert. Je lauter, desto besser, schließlich sollen die bösen Geister vertrieben werden. In Helsinki erleben Monika und Friedrich Koch die Feierlichkeiten auf der Museumsinsel Seurasaari. Sie sehen ein traditionell gekleidetes Brautpaar das große Feuer entzünden, schlendern über den Handwerkermarkt, lassen sich treiben. Anschließend laufen sie durch die leuchtende Nacht zurück zur Wohnung ihrer Tochter. Sabine wollte mit Freunden feiern, die Eltern sind überrascht, sie zu Hause im Bett zu finden. »Geht es dir nicht gut?«, fragt die Mutter. Der Vater streckt ihr die Hand entgegen, doch sie kann sie nicht greifen. »Mit mir ist irgendwas.« Es wird der Anfang eines Abschieds sein – von Helsinki, von den Eltern, vom Leben.

Finnland ist Sabines Paradies. Wegen der Natur, die sie liebt, aber auch wegen der Menschen und der Musik. Viele Gothic-Rockbands kommen aus dem hohen Norden, hier finden die wichtigsten Festivals statt. Immer wieder fährt die junge Frau deshalb mit Freunden nach Finnland. In ihrer Freizeit schreibt Sabine, die Biochemikerin, Musikkritiken. Einmal trifft sie sogar »Him«, die Stars der Szene, die aus Helsinki stammen. Dort will Sabine leben, arbeiten, forschen. Mit 29 gibt sie in Deutschland ihre Doktorarbeit ab und packt den Rucksack, um zu einer weiteren Reise in ihre Wahlheimat aufzubrechen. Als sie Wochen später zurückkehrt und am Bahnhof zu ihrem Vater ins Auto steigt, strahlt sie. »Papa, ich hab' den Job.«

Der Job, das ist eine Forschungsstelle an der Universität Helsinki. Ihre Diplomarbeit hat Sabine über Lymphtumore geschrieben und danach von Bochum an die Uni Düsseldorf gewechselt, um zu promovieren. In Helsinki wird sie Grundlagenforschung zum menschlichen Hirn betreiben. Früher hatte sie Architektin werden wollen, Malen und Zeichnen lagen ihr, aber als sie während der Schulzeit ein Jahr in Australien verbringt, weckt der dortige Chemielehrer ihr Interesse für die Naturwissenschaften. Zurück in Essen ärgert sie sich, dass sie fürs Abitur Kunst als Leistungskurs gewählt hat. Der Kurs macht ihr nur so lange Freude, bis es ans Abstrakte geht – das ist nichts für sie. Als Sabine im Frühjahr 2007 die Stelle in Helsinki antritt, kommen ihre Eltern zwei Wochen später nach und helfen ihr, sich einzurichten. Sie hat eine schöne große Wohnung in einem modernen Komplex gefunden. Sabine ist selig. Am Abend streift sie mit ihren Eltern durch die Stadt und macht Fotos. Erst spät fallen sie ins Bett.

Die junge Frau hat keine Schwierigkeiten, in Helsinki Anschluss zu finden. Schon daheim in Essen, wo sie im gleichen Haus wie ihre Eltern lebte, war immer Bewegung um sie herum, Freunde gingen ein und aus. Auch in Helsinki hat Sabine bald einen Kreis von Bekannten und Arbeitskollegen um sich. Oft ist es die Musik, die sie verbindet. Durch eine internationale Studentenorganisation knüpft Sabine Kontakte zu Leuten aus der ganzen Welt. Weihnachten bringt sie einen Bekannten aus Brasilien mit nach Essen. »Sie hat in Helsinki ihre glücklichste Zeit gehabt«, sagt der Vater.

Mit den Eltern bleibt Sabine über »Skype« in Kontakt, regelmäßig sprechen sie per Internet-Telefon über Sabines Alltag und ihre gemeinsamen Urlaubspläne. Im Mai 2008 reisen sie mit dem Wohnwagen zusammen durch Finnland, zwei Wochen lang erkunden sie Sabines neue Heimat. Spontan entscheiden sie, bis zum Nordkap zu fahren. Eine weite Strecke, die sie sich eigentlich für eine ihrer nächsten Touren hatten aufheben wollen, zumal sie zum Mittsommerfest zurück in Helsinki sein möchten. Dann aber bringen sie die 500 Kilometer doch noch hinter sich. »Ein glücklicher Umstand«, sagt Sabines Mutter, »das sollte so sein.«

Wenige Tage nach der Rückkehr vom Nordkap sitzt Monika Koch mitten in der Nacht mit ihrer Tochter im Krankenhaus und wartet auf die Ergebnisse des Röntgens. Sie waren von Sabines Wohnung erst in eine nahegelegene kleine Privatklinik gegangen. Der Arzt dort hatte Sabine bloß in die Augen geschaut und sie sofort weitergeschickt, sie müsse genauer untersucht werden. Während Monika Koch wartet, muss sie an einen Bekannten denken, der einige Monate zuvor beim Skatspielen mit ihrem Mann zusammengebrochen war – ein Hirntumor. In dem Krankenhaus in Helsinki sind die Betten durch Vorhänge voneinander getrennt. Irgendwann tut sich der Vorhang wieder auf und die Ärztin steht vor ihnen. Auf Englisch sagt sie zu Sabine: »Sie haben einen Hirntumor. Sie bleiben hier.« Inzwischen ist es nach zwölf. Die Tochter muss sich das Klinik-Nachthemd anziehen, die Mutter das Krankenhaus verlassen.

Am nächsten Morgen heißt es, man wolle so schnell wie möglich operieren. Sabine ist einverstanden. »Es nützt ja nichts«, sagt sie. Am gleichen Tag soll eine Freundin aus Deutschland in Helsinki ankommen, ebenfalls ein Musik-Fan. In Finnland beginnt gerade die Festival-Saison. Zum ersten Mal der Gedanke an Sabines schöne, lange Haare. Ob sie die abschneiden werden?

Sabines Mutter muss dringend zurück nach Deutschland. Der Vater bittet eine von Sabines Arbeitskolleginnen, ihn zum Vorgespräch im Krankenhaus zu begleiten. »Falls ich etwas nicht verstehe.« Als die beiden auf die Station kommt, hat der Arzt schon mit Sabine gesprochen. Sie ist kreidebleich. »Es ist ein Glioblastom«, sagt sie. Ihre Kollegin zuckt zusammen, Friedrich Koch kann mit dem Begriff nichts anfangen. Später wird er erfahren, dass es sich um die gefährlichste Form eines Gehirntumors handelt. Die Weltgesundheitsorganisation teilt Tumore in vier Grade ein. Zu Grad I zählen gutartige Tumore, in der Regel sind die Betroffenen heilbar. Ein Glioblastom fällt unter Grad IV. Es lässt sich durch Operationen und Behandlungen verkleinern, Aussicht auf Heilung besteht aber nicht. »Sabine muss in dem Moment schon klar gewesen sein, dass das ihr Todesurteil war.«

Die Operation am nächsten Tag verläuft gut, wenige Tage später kann Sabine das Krankenhaus verlassen. Ihre Mutter ist zurück aus Deutschland, sie holt die Tochter ab. Statt mit dem Taxi fahren sie mit dem Linienbus, in dem an diesem Vormittag viele ältere Menschen sitzen. Sabine sieht sich um und sagt leise: »Das Alter erlebe ich nicht.« Ihre Mutter kann darauf nichts erwidern. »Was soll man da sagen – du hast Recht? Nein, da schweigt man.«

Sabine beginnt mit der Chemotherapie, die Wochen ziehen ins Land. Einmal kommen Vater und Tochter mit dem Auto an dem Labor vorbei, in dem Sabine geforscht hat. »Papa«, sagt sie, »gerade erst dachte ich, ich sei endlich flügge, und dann so was.« Im August feiern Eltern und Tochter Sabines Geburtstag, dann schickt sie sie nach Hause. Die Eltern protestieren, aber nur kurz. »Sabine hatte einen unheimlichen Willen«, sagt ihr Vater. »Und sie hatte diesen Blick.« Schon als Kind sieht sie Menschen so intensiv in die Augen, dass es immer die anderen sind, die sich zuerst abwenden. Gegen den Rat der Ärzte geht Sabine inzwischen wieder arbeiten. Sie beantragt neue Forschungsmittel.

Zurück in Essen lesen die Eltern in der Zeitung von einem Fachkongress über Hirntumore und beschließen hinzugehen. Sie hören einen Vortrag zu Glioblastomen und den Behandlungsmöglichkeiten. Irgendwann sagt der Professor am Rednerpult den Satz: »Letztendlich geht es nur darum, ob die Patienten 24 Monate oder 27 Monate Überlebenszeit haben.« Die Eltern sehen sich an. »In diesem Moment war uns erst richtig klar, dass man bei diesem Tumor gar keine Chance hat.« Die Mutter kauft auf dem Markt einen ganzen Schwung Amaryllis, die Sabine so sehr mag, und schickt die Blumen nach Finnland. Wenn Nachbarn und Bekannte sie ansprechen und fragen, ob es ihrer Tochter besser gehe, sagt sie fortan: »Sie stirbt.«

Sabine möchte Lappland sehen. Im März 2009 bricht sie mit ihren Eltern auf in die Weiten ganz im Norden Finnlands. Auf der Reise merken die Eltern, dass Sabine langsamer spricht. Mancher Handgriff fällt ihr schwer. Einschränken lässt sie sich davon nicht. Zum ersten Mal stehen sie und ihre Eltern auf Langlaufskiern, brausen mit Motorschlitten durch den Schnee, machen eine Fahrt mit dem Hundegespann. »Ohne meine Tochter hätte ich vieles gar nicht erlebt«, sagt Friedrich Koch, »ich habe unheimlich von ihr profitiert.«

Sabine war es auch, die den Vermessungsingenieur zum Segeln gebracht hatte. Seit ihrer Jugend war sie Mitglied in einem Verein. Mit ihrem Vater bestreitet sie später Regatten, unternimmt Hochseetörns. Als Vater und Tochter hören, dass der »Volvo Ocean Race« in diesem Jahr nach Stockholm führt, ist klar: Da wollen sie hin und die Ankunft der Sportler sehen. Die Regatta rund um die Welt hatten sie früher immer im Fernsehen verfolgt, waren einmal hoch bis nach Kiel gefahren, um dabei zu sein. Kurz vor dem Ausflug nach Stockholm hat Sabine in Hamburg zu tun. Ein Freund von ihr heiratet, außerdem ist sie zu einer Konferenz eingeladen, darf ihre Forschungsergebnisse präsentieren. Die Eltern holen sie dort ab. Erneut stellen sie fest, dass die Krankheit weiter fortgeschritten ist. Sabine bewegt sich anders, klingt anders, sieht anders aus.

Die Eltern nehmen Sabine von Hamburg aus zuerst mit nach Essen, besuchen Verwandte im Sauerland, schauen im Segelverein vorbei. Eine Begegnung zwischen Sabine und dem Skatfreund des Vaters, der ebenfalls an einem Glioblastom leidet, ist für die Eltern fast nicht zu ertragen. Der Bekannte hatte Sabine noch beim Transport ihrer Möbel nach Finnland geholfen, da ahnten beide nichts von ihrer Krankheit. Später sprechen sie sich am Telefon gegenseitig Mut zu.

Vor ihrer Reise nach Deutschland hatte Sabine selbst gemerkt, dass es ihr schlechter ging, und in Helsinki noch eine Untersuchung machen lassen. Das Ergebnis wollte sie eigentlich erst bei ihrer Rückkehr erfahren, ringt sich dann aber doch zu einem Anruf durch. Mit ihren Eltern sitzt sie zu Hause in Essen in der Küche, jeder an seinem Platz. Bei dem Telefonat wird Sabine blass und schluckt. »Es ist wieder etwas da«, sagt sie und weint. Sie soll sich sofort nach ihrer Rückkehr bei ihrer Ärztin in Helsinki melden.

Die Ärztin eröffnet der Familie, dass Sabine wieder operiert werden muss. Ob sie vorher noch nach Stockholm reisen können, wollen die drei wissen. Sie bekommen Medikamente und einen Arztbrief, dann dürfen sie fahren. Einige Male wird Sabine im Auto von Anfällen geschüttelt, aber die Tabletten helfen. In Stockholm laufen sie und ihre Eltern durch die Stadt, das ist beschwerlich, doch es geht. Beim Essen müssen die Eltern Sabine mit dem Besteck helfen, auch ihre Fotokamera kann sie nicht mehr bedienen. Zwischenzeitlich verfolgen sie im Internet die Regatta. Dann kommt der Tag des Zieleinlaufs.

Die Kochs haben sich unter die Zuschauer am Wasser gemischt und jubeln – ganz besonders laut, als das US-amerikanische Team um Skipper Ken Read einläuft, einen der besten Segler der Welt. Fast neun Monate sind die Sportler zu diesem Zeitpunkt schon unterwegs, Anfang Oktober waren sie im spanischen Alicante gestartet. Nach der Siegerehrung geht Monika Koch schnurstracks auf Ken Read zu. Sie kann nur wenig Englisch, aber irgendwie macht sie ihm verständlich, wie es um ihre Tochter steht, und überredet ihn zu einem Foto. Am Ende schenkt Ken Read Sabines Vater die Mütze, die er beim Zieleinlauf getragen hat. Friedrich Koch hat sie heute noch.

Als sie aus Stockholm zurückkommen, steht die Operation an. Die Eltern bringen Sabine in Helsinki in die Klinik. Am Abend will eine Krankenschwester Monika Koch heimschicken, die aber weigert sich, bis die Frau aufgibt und ihr ein Laken hinwirft. Nachts reden Mutter und Tochter auf dem Balkon über das, was passiert ist und noch passieren wird. »Wir haben immer offen über den Tod gesprochen, auch schon vor Sabines Krankheit. Man muss darüber reden, solange man gesund ist.« Dem Vater fällt es schwerer. Sabine hatte ihn früher immer ermahnt, sich einen Organspende-Ausweis zuzulegen, doch bevor mit Sabines Diagnose der Tod in sein Leben tritt, ist das Thema für ihn weit weg. »Ich beschäftige mich nur mit Dingen, die relevant sind.« Einmal, ganz am Anfang, fragt er Sabine, ob von der Forschung nicht vielleicht doch Hilfe zu erwarten sei. »Papa«, sagt sie, »dagegen was zu finden, dauert 20 Jahre.« Sabine hatte überhaupt keine Illusionen, sagt ihr Vater. Es nützt ja nichts.

Nach der Operation haben die Eltern das Krankenhaus schon verlassen, als Sabine sie aus ihrem Zimmer anruft. Sie ist aufgeregt. »Ich muss noch mal operiert werden, da ist noch was.« Zwei Mal innerhalb von drei Tagen wird sie in den OP geschoben. Als sie danach aufwacht, spricht sie mit der Krankenschwester Englisch. Die Mutter, die an ihrem Bett sitzt, erschrickt. Ob sie ihre Muttersprache verloren hat? »Kannst du bitte mal Deutsch reden«, sagt sie panisch. »Ja, Mama«, antwortet Sabine, und alle im Zimmer lachen.

Bei ihrer Arbeit für die Uni hatte Sabine an Mäusen geforscht. Das fiel ihr zunächst nicht leicht. Sie versprach den Tieren: Wenn sie eines Tages aufgefordert sei, sich selbst der Wissenschaft zur Verfügung zu stellen, dann werde sie das tun. Als die Ärzte ihr eine besondere Neutronenbestrahlung vorschlagen, willigt sie ein. Die Behandlung, so die Hoffnung, könnte Sabines Motorik ein wenig verbessern. Zugleich ist der Ansatz kaum erprobt, das Gerät der Technischen Universität Helsinki einer von wenigen Prototypen weltweit. Man transportiert Sabine dorthin und führt die Behandlung durch, doch die Hoffnung auf Besserung erfüllt sich nicht.

In der Zeit danach geht es bergab, Sabine kann nicht mehr arbeiten. Der Vater fährt sie ins Institut, damit sie ihr Büro ausräumt. Er schafft es kaum, ihr dabei zuzusehen. Auch ohne den Job will Sabine unbedingt in Finnland bleiben. Sie liebt ihre Wohnung. Dort wird nun umorganisiert. Ins Schlafzimmer kommt ein Schreibtisch, die Eltern kaufen ein Laptop. Wenn Sabine zu müde ist um aufzustehen, kann sie vom Bett aus im Internet surfen, Musik hören, sich Filme und Fotos anschauen und den Kontakt zu ihren Freunden halten. Das Gehen wird immer schwieriger und auch ihre Hände gehorchen ihr kaum noch. Die Eltern schaffen einen Rollstuhl an, kümmern sich um Physio- und Ergotherapie. Sabine schwört auf die Reiki-Kunst einer älteren Finnin.

Monika und Friedrich Koch leben nun mit in Sabines Wohnung. Immer wieder fliegt einer von beiden nach Deutschland, der andere bleibt da. Als die Mutter einmal von einem Heimatbesuch zurückkehrt, will ein Sicherheitsmitarbeiter am Flughafen ihr einen

Schmuckständer abnehmen, den sie bei sich trägt. Den Ständer in Form einer Puppe wollte Sabine gerne in Helsinki haben und hatte gebeten, ihn mitzubringen. Der Mann erklärt Monika Koch, dass es sich um einen »waffenähnlichen Gegenstand« handele, den sie zurücklassen müsse. Sie macht ihm klar, dass das nicht geht, und darf passieren. »Meine Frau kann kämpfen wie ein Löwe«, sagt Friedrich Koch.

Der Vater liegt nachts jetzt noch öfter wach als in den vergangenen Monaten schon und sorgt sich um die Bürokratie, um Fristen, das Sozialamt. Sabine ist in Finnland nur bis Ende des Jahres versichert, mit dem Ende ihres Vertrags an der Uni läuft der Schutz aus. Zu Hause informiert sich der Vater beim Arbeitsamt. Er verzweifelt an finnischen Behördenschreiben und der automatischen Übersetzung im Internet. Er bringt Sabines Auto zum Tüv, spricht mit Ärzten. Es tut ihm gut, beschäftigt zu sein.

Dann kommt der Moment, in dem die Eltern der Tochter sagen: Wir müssen zurück nach Deutschland, wir richten dir im Haus eine Wohnung ein. Sabine hat wenig geweint bisher. »Ich weiß gar nicht, wie du das alles aushältst«, sagt der Vater einmal zu ihr, als sie sich auf Krücken von einem Krankenhaustrakt zum anderen müht. »Wie es in mir aussieht, erzähle ich dir lieber nicht«, antwortet Sabine. »Kopfkino« nennt sie immer, was da passiert. Als die Eltern ihr sagen, dass es zurück nach Deutschland geht, weint sie drei Tage lang.

In Helsinki feiern die Kochs noch zusammen Silvester. Die Mutter macht Sushi. Als sie später draußen stehen und sich das Feuerwerk ansehen, wird sie zum ersten Mal mit ihrer Tochter Sekt aus der Flasche trinken. Sie wünschen sich Glück, trotz allem. Eine Stunde vor Mitternacht legt jemand die Kündigung des Mietvertrags vor die Wohnungstür. Das war für Sabine das Ende, sagt ihr Vater. »Ihr eigenständiges Leben war vorbei.«

In Finnland herrschen 20 Grad minus, als die Kochs den Umzug arrangieren. Alles muss schnell gehen. Monika Koch läuft zu dem

Geschäft gegenüber von Sabines Wohnung und bittet um alte Kartons. »Ich musste packen, auch wenn Sabine das nicht wollte.« Zum Abschied dreht die Familie eine Runde durch Helsinki. Sabine sieht zum letzten Mal ihre Arbeitskollegen, es gibt eine kleine Feier.

Die Eltern fragen Sabine, ob sie nach Hause fliegen oder lieber mit der Fähre fahren möchte. Sabine wählt die Fähre. Friedrich Koch bucht eine Kabine, von der man einen guten Blick auf die zugefrorene Ostsee hat. Mit einem bis unters Dach vollgeladenen Auto kommen sie schließlich in Essen an. Schneechaos auch in der Heimat.

Am nächsten Tag geht der Vater mit Sabines Unterlagen gleich ins Krankenhaus. Dort sieht ein Arzt sich die Werte an und sagt, der Tumor sei seit der jüngsten Untersuchung deutlich größer geworden. Er könne nichts für Sabine tun. Friedrich Koch bekommt die Empfehlung, sich ans Zentrum für Palliativmedizin in der Huyssens-Stiftung zu wenden.

Dort nimmt man Sabine die Angst, sie müsse Schmerzen ertragen, und spricht mit ihr und den Eltern darüber, wie es weitergehen kann. Gemeinsam entscheiden sie, dass Sabine möglichst lange zu Hause betreut werden soll. Irgendwann kommt auch die Frage: »Glauben Sie an Gott?« Sabine antwortet nicht, dass sie es nicht tut. »Auch für sie als Forscherin musste es in irgendeiner Form etwas geben«, sagt ihr Vater.

Zu Hause bekommt Sabine ein Spezialbett. Drumherum bauen ihre Eltern die finnische Wohnung der Tochter so gut wie möglich wieder auf. Über eine Gegensprechanlage kann Sabine sich bei ihnen in der Etage darunter melden, wenn sie etwas braucht. Doch sie bleibt nicht im Bett, will vieles unternehmen. Es ist das Kulturhauptstadtjahr, über den ehemaligen Zechen des Ruhrgebiets steigen große, gelbe Ballons auf. Um die »Schachtzeichen« zu sehen, fahren die Eltern mit Sabine in die oberste Etage des Essener Rathauses. Sabine zieht mit ihren Freundinnen durch die Stadt, besucht ein Mittelalterfest. Sie beginnt zu malen – mit links, denn die rechte Hand lässt sie im Stich. Oft sitzt sie am Computer oder schreibt SMS an ihre Freunde. Ihr Vater findet heute noch zufällig Dinge, die sie auf ihrem Handy gespeichert hat. Dann muss er es weglegen.

Als der Sommer kommt, geht es mit Sabine rapide bergab, sie verträgt die Chemotherapie nicht mehr. Zu Hause muss alles gut geplant werden: die Arztbesuche, die Sprachtherapie, der Terminkalender ist voll. Eine Nachbarin macht für die Familie Mittagessen, wenn Monika Koch nicht dazu kommt. Mitte Juni geht Sabine zu einer Geburtstagsfeier von Freunden in einem Schrebergarten. Sie will zeigen, was für einen Willen sie hat.

Eine Woche nach der Feier bekommt Sabine einen schweren Anfall und verliert die Orientierung. Die Palliativärztin ist nun regelmäßig im Haus, die Eltern schlafen mit Sabine im selben Zimmer. Im Fernsehen läuft die Fußball-Weltmeisterschaft in Südafrika, Sabines Mutter hat das Zimmer mit schwarz-rot-goldenen Fähnchen geschmückt. Die deutsche Mannschaft spielt überragend, Sabine freut sich über die Siege. Nur ein einziges Mal in dieser Zeit sagt sie: »Ich kann nicht mehr.« Der Pflegedienst muss jetzt immer öfter kommen, auch nachts. Irgendwann sind die Betreuer an den Grenzen ihrer Möglichkeiten angelangt. Eltern und Ärzte beschließen, Sabine auf die Palliativstation zu bringen. Als sie mit ihrer Mutter im Krankenwagen sitzt, fragt sie: »Mama, wann komme ich wieder nach Hause?« Zum zweiten Mal wagt Monika Koch nicht, ihrer Tochter zu antworten.

Im Krankenhaus sind die Eltern die ganze Zeit bei ihr, übernachten manchmal in dem Gästezimmer für Angehörige. Ihre Freunde will Sabine nicht mehr sehen. Sie malt wieder, der Oberärztin schenkt sie ein Bild mit Schmetterlingen. In Gedanken hängt sie immer noch zwischen Finnland und Deutschland. Ein Psychologe spricht mit ihr, hinterher geht es besser. Sabine ist oft müde, möchte schlafen. Plötzlich auf der Station ein Rennen und Laufen. Da weiß Monika Koch, es geht zu Ende. Fünf Tage dauert es noch, kurz vor ihrem 33. Geburtstag stirbt Sabine.

Ihre Beerdigung dauert von morgens bis abends. Die Eltern haben alle Freunde der Tochter eingeladen, die ganze Clique trifft sich am Segelverein. Die jungen Leute tragen Texte, Briefe und Musik vor, zünden Kerzen an. »Geboren um zu Leben« – es war Sabines Wunsch, dass dieses Lied gespielt wird. Der Tag endet in Sabines Lieblingskneipe, nur einen Steinwurf von ihrem Elternhaus entfernt. Monika und Friedrich Koch sitzen zwischen den Freunden ihrer Tochter und haben das Gefühl, alles richtig gemacht zu haben.

Monika Koch gibt Sabines Sachen weiter – ihre CDs und ihre Flöte an die Freunde, mit denen sie durch die Musik verbunden war, ihre Malereien an eine andere Bekannte. Die Unterlagen aus der Uni bekommt eine befreundete Forscherkollegin.

Ein gutes Jahr später sehen die Eltern in der Essener Lichtburg die Premiere von »Halt auf freier Strecke«. In dem Film erfährt ein Familienvater, dass er einen inoperablen Hirntumor hat und nur noch wenige Monate leben wird. Es ist ein trauriger, aber auch ein komischer Film, einfühlsam und hart. In dem großen, dunklen Kinosaal sitzen die Kochs und wissen kaum, wohin mit sich und ihren Gedanken. Heute legen sie den Film jedem ans Herz. Vielleicht helfe er, ein paar Antworten zu finden. »Aber nach dem Warum darf man nicht fragen.«

Das nebenstehende
Bild hat Sabine
Koch für ihre
Mutter gemalt.

Liebe Mama

Den folgenden Brief hat Caroline, damals 13 Jahre alt, an ihre schwerkranke Mutter geschrieben, zwei Tage vor deren Tod. Die Mutter sah durch ihre Tumorerkrankung so verändert aus, dass es dem Vater besser schien, wenn die Tochter ihr schriebe. Er versprach, die Briefe am Bett vorzulesen.

Liebe Mama,
ich möchte dir in diesem Brief mitteilen, wie es mir geht und ging. In den ersten zwei Wochen hatte ich sehr viel Stress. So wie wir beide Herrn Wessling* kennen, hat er uns montags gesagt, dass wir Donnerstag eine Arbeit schreiben. Natürlich, wie du dir denken kannst, haben wir in dieser Woche auch unsere erste Englischarbeit geschrieben, die wir einen Tag vor Französisch geschrieben haben, also am Mittwoch. Als ich am Montag erfahren habe, dass ich auch noch für Französisch lernen muss, bin ich innerlich fast zusammen gebrochen. Da ich Montag Orchester hatte, konnte ich da gar nichts lernen, Dienstag hatte ich Konfi und musste für Englisch lernen, Mittwoch habe ich dann die Englischarbeit geschrieben und für den nächsten Tag Französisch gelernt. Donnerstag habe ich mich von dem Stress ein wenig ausgeruht, ich hatte aber nicht wirklich Ruhe, da Frau Stahl* schon wieder den nächsten Vokabeltest angekündigt hatte. In der Woche danach habe ich eine Deutscharbeit geschrieben, wo natürlich keiner aus unserer Klasse wirklich gut vorbereitet war, da Herr Holtkamp* irgendwie alles mit uns gemacht hat, außer uns ausführlich das Thema zu erklären und es mit uns zu üben. Ich denke jedoch, dass es dafür gut gelaufen ist und ich mit einer 3 rechnen kann.

Dann hatte ich eine Woche, wo ich eigentlich nur Vokabeln gelernt habe und mich ausgeruht habe, jedoch hätte ich lieber meine Zeit nutzen und schon mal mit Mathe anfangen sollen. Als Herr Simon* uns dann mitteilte, dass wir am folgenden Mittwoch in der letzten Schulwoche eine Mathearbeit schreiben, bin ich fast durchgedreht, da ich mich um Mathe noch überhaupt nicht gekümmert hatte und nicht wusste, wie ich das alles schaffen sollte. Also habe ich mich am gleichen Tag noch dran gesetzt und angefangen zu lernen. Sonntag und Montag war ich dann bei Lena und wir haben mit Gitti zusammen gelernt. Was eigentlich auch super geklappt hat. Dienstag habe ich dann noch einmal alleine gelernt. Und du kannst mir glauben, ich habe mich tot gelernt. :D (lachender Smiley) Ich hatte wirklich alle Themen durch, war mir aber überhaupt nicht sicher, ob es reichen würde und hatte leider ein schlechtes Gefühl. Mittwoch in der Arbeit ist mir dann klar geworden, dass ich ungefähr 80% der Themen umsonst gelernt habe und da habe ich mich ein wenig geärgert. Hinterher ist mir aber klar geworden, dass das Schwachsinn ist, weil wenn ich es einmal gelernt habe, kann ich es fürs nächste Mal. J Ich bin glücklich aus der Arbeit raus und habe mir gesagt: Jetzt hast du es geschafft und kannst wirklich stolz auf dich sein. Und ich war mir sicher, dass du auch super stolz auf mich bist. :*

Also, meine Zusammenfassung von meinen Wochen im schulischen Bereich lautet: stressig, aber sie sind super gelaufen. In Franze habe ich wieder eine 1 geschrieben, in Englisch habe ich es geschafft, auch eine 1 zu schreiben und habe mich riesig darüber gefreut. Alle Vokabeltests in Englisch habe ich hauptsächlich 1+ geschrieben, jedoch war natürlich zwischendurch auch mal eine 1 dazwischen. :D Meine Mathearbeit habe ich noch nicht zurück, da rechne ich aber mit einer 1 oder 2. Die Deutscharbeit bekomme ich nach den Ferien wieder. Welche Note, das erzähl ich dir dann noch.

Nun möchte ich dir erzählen, was so in den Wochen vor den Ferien außerhalb der Schule passiert ist. Dadurch, dass ich natürlich viel Stress hatte, habe ich mich nicht so oft verabredet, habe mich aber min. 1 mal pro Woche mit Alina und Lena getroffen. An einem Freitagmorgen hat dann plötzlich Alina angerufen und mich darüber informiert, dass es an unserer Schule eine Androhung eines Amoklaufes gab. An diesem Tag bin ich dann aus Sicherheitsgründen nicht zur Schule gegangen, sondern bin mit Lena und Gitti nach Bochum ins

Zentrum gefahren. Dort habe ich dann meine Konfirmationsschuhe gekauft. Sie haben ungefähr 3–4 cm Absatz und haben vorne schwarze Riemen. Aber sobald du im Himmel bist, zeige ich sie dir.

Ich hatte noch ein paar schöne Tage in diesen Wochen, aber wenn ich dir von allen erzähle, dann sitzen wir noch heute Abend hier. :D Allgemein haben unsere Freunde und auch unsere Familie uns sehr unterstützt und ich wüsste wirklich nicht, was ich ohne sie machen würde. Ich habe alle riesig schätzen gelernt und weiß gar nicht, wie wir uns bei ihnen bedanken können. Es war so ein wunderbares Gefühl, zu merken, dass alle, die man schätzt, sich so um einen kümmern und mitfühlen. Du brauchst dir wirklich überhaupt keine Sorgen um mich machen, da ich in super tollen Händen bin und sich alle wirklich super um mich kümmern. Klar waren und sind in diesen Wochen auch mal Tage dazwischen, wo ich traurig war/bin und geweint habe/weine und vielleicht auch ein wenig überfordert war, aber wenn das nicht so wäre, dann denke ich mal wäre das nicht normal. Ich muss auch wirklich sagen, dass ich Frau Stahl in der Zeit sehr lieb gewonnen habe und wir viel über dich und ihre Kindheit gesprochen haben. Sie hat mich super unterstützt und mir gesagt, dass ich immer wann ich möchte zu ihr kommen kann.

Nun, ich möchte dir sagen, dass ich unheimlich stolz auf Papa bin. Ich kann gar nicht ausdrücken, wie stolz ich auf ihn bin und kann es selbst kaum glauben, wie super er sich in dieser schweren Zeit schlägt. Du hast dir wirklich nicht den Falschen ausgesucht und auch du kannst unheimlich stolz auf ihn sein und ich bin mir sicher, dass du es auch bist. Denn er hat sich unheimlich gut um dich gekümmert und wird es auch weiterhin tun. Papa schlägt sich durch alles durch und kommt auch mit den Sachen klar, um die er sich vorher überhaupt nicht kümmern musste. Aber auch Oma kümmert sich gut um uns und versucht uns so weit wie möglich zu helfen, auch wenn es nicht immer gelingt, ist es ja nur zu unserem Besten gemeint. Ich bin auch sehr stolz auf sie. Das Verhältnis zwischen Oma und Papa ist besser als je zuvor. Die beiden verstehen sich relativ gut. Wir helfen Oma, wenn sie Hilfe braucht und Oma hilft uns.

Mein Geburtstag war schön und alle unsere Freunde waren da und haben mit mir gefeiert. Am Sonntag war es sehr ungewohnt und auch nicht schön, einzuschlafen mit dem Wissen, dass man zwar morgen Geburtstag hat, aber seine eigene Mama nicht da ist. Ich wusste nicht wirklich, ob ich am nächsten Tag überhaupt Geburtstag haben wollte, weil ich meinen 13. Geburtstag eigentlich nicht ohne dich verbringen wollte. Jedoch ist mir dann klar geworden, dass du bei mir warst. Du standest zwar nicht vor mir, aber seit ich auf der Welt bin, bist du fest im Tiefsten meines Herzens eingeschlossen und selbst wenn du wolltest, kämst du dort nicht hinaus. Aus diesem Grund habe ich einen schönen Tag erlebt mit Freude und vielen schönen Geschenken. Am Morgen habe ich meine weiße Ice-Watch bekommen, die ich mit Papa aber vorher schon anprobiert und gekauft habe. Dann habe ich von Papa eine wunderschöne Kette bekommen. Sie ist aus Silber und hat einen s-förmigen Anhänger mit einem Edelstein eingearbeitet. Außerdem hat mir Papa noch ein Parfüm, Deo, Nagellack, Haargummis, ein Buch und einen Labello geschenkt. Von Oma habe ich einen Apfelschäler bekommen. Der ist voll cool. :D Damit kann man in weniger als 2 Sekunden einen kompletten Apfel schälen. Von dir habe ich ja die zwei Oberteile und die Jacke von Bench bekommen. Die gefallen mir übrigens super und passen tun sie auch sehr gut.

Als Geschenk von Oma habe ich dann noch einen Kamerarucksack bekommen. Da Papa und ich uns eine Spiegelreflexkamera gekauft haben, die aber auch teilweise mein Geburtstagsgeschenk von Oma war. Denn sie hat uns Geld zu der Kamera dazu gegeben. Mit der Kamera kann man wundervolle Fotos machen. An meinem Geburtstag habe ich glaub ich um die 300 Fotos gemacht. 3 Tage nach meinem Geburtstag sind Papa, Alina und ich dann in den Gelsenkirchener Zoo gefahren und wir haben dort die Kamera noch mal richtig eingeweiht. Im Zoo waren wir viel am knipsen. Ich glaube, ich habe um die

700 Fotos gemacht. Der Tag im Zoo war wirklich schön und ich hatte viel Spaß. Am gleichen Abend habe ich auch mein Geburtstagsgeschenk von Familie Neu eingelöst. Ich war mit Annika und Katja im Kino und wir haben uns den Film »Spieglein, Spieglein« angeguckt. Das war wirklich ein toller und lustiger Abend.

Ich habe nun endlich meine kompletten Outfits für die Konfirmation. Dank deiner tollen Vorarbeit musste ich mich nur noch nach Boleros, Schuhen, einer Strumpfhose und Kleinkram umgucken. Seit gestern habe ich nun endlich alles zusammen. Und bevor du mich siehst, wenn du glücklich im Himmel angekommen bist, möchte ich dir sagen, dass ich finde, dass ich umwerfend aussehe. Ich werde das schwarze, puffige Kleid mit einem weißen Bolero und meinen hohen Schuhen anziehen. Dazu werde ich deine schöne Perlenkette, die dir Papa zum Hochzeitstag geschenkt hat, anziehen und Ohrringe aus Silber. Denn ich glaube, dass ich endlich andere Ohrringe tragen kann außer nur die medizinischen. Aber keine Sorge, ich probiere es langsam aus. :D Ich weiß noch nicht, was ich für eine Frisur haben werde, aber wenn du dann noch nicht im Himmel sein solltest, dann werde ich ein Foto für dich machen und es in mein Zimmer legen und sobald du dann im Himmel bist, kannst du dir deine wunderschöne Tochter angucken. An der Konfirmation von Kieron und Alina werde ich das Kleid mit Schlangen-Muster anziehen, dazu werde ich meine hohen Schuhe anziehen und einen schwarzen oder weißen Bolero. Dann werde ich vielleicht auch deine schöne Kette umtun, aber ich muss mich ja dann ein wenig zurückhalten, da es ja dann nicht meine Konfirmation ist und ich ja nicht schöner und festlicher als die Konfis aussehen darf. Ich kann nur noch einmal sagen, dass ich all unseren Freunden gar nicht genug danken kann und wir wirklich sehr stolz darüber sein können, solche Freunde zu haben.

Mama, ich lieb dich über alles und ich weiß, dass es dir im Himmel viel besser gehen wird und ich dich deshalb mit einem guten Gefühl gehen lassen kann. Du wirst immer auf mich, Papa und Oma aufpassen und ich werde dich für immer in meinem Herzen behalten. Du kannst dich wirklich auf mich verlassen. Ich werde mich immer in der Schule anstrengen und alles geben. Und ich verspreche dir, dass ich etwas Tolles aus meinem Leben machen werde und meine Versprechen, die ich dir gegeben habe, halten werde. Außerdem weiß ich ja, dass du ein Diamant werden willst und deshalb werde ich auch alles, was ich mit meinen Möglichkeiten anfangen kann, dafür tun. Jedoch kann ich dir nicht versprechen, dass es klappt.

So, jetzt sag ich Gute Nacht, ich lieb dich und wünsche dir alles Gute in deinem weiteren Leben, wie auch immer es weitergeht. Falls du meinen nächsten Brief nicht mehr im Krankenhaus mitbekommst, werde ich ihn dir vorlesen, aber dann kann ich ja auch so mit dir reden. Also noch mal, ich liebe dich über alles und werde auch nie und nimmer aufhören, dich zu lieben. VERSPROCHEN

* Namen geändert

Übers Sterben reden

»Das sind alles Bilder vom Leben«

Knut Wolfgang Maron hat einen Blick für die kleinen Dinge. In Essen betreibt er die wohl kleinste Galerie weit und breit: Gerade mal 14 Quadratmeter misst der Raum, der einst Imbissbude war und in dem Maron nun zeitgenössische Kunst ausstellt. Auch in seiner jüngsten eigenen Arbeit nimmt der Fotograf vermeintlich Unscheinbares in den Fokus: die winzigen Veränderungen an seiner alternden Mutter, die er pflegte, sowie die Gegenstände, die sie in ihrem Haus aufbewahrte. Mehrere Jahre lang, bis zu ihrem Tod, hat Maron seine Mutter immer wieder fotografiert und danach in ihrem Haus weitergearbeitet, hat jahrelang Bilder ausgewählt und vergrößert – es war das Projekt seines Lebens. Eine daraus entstandene Reihe mit 170 Fotografien zeigte 2012/2013 das Kunstmuseum Mülheim, anschließend

Knut Wolfgang Maron, geboren 1954 in Bonn, studierte an der Folkwang Hochschule in Essen Fotografie und visuelle Kommunikation. An der Hochschule Wismar hat er eine Professur für Entwerfen, Fotodesign und experimentelle Fotografie. Maron lebt und arbeitet in Essen, Wismar und Berlin. Neben dem winzigen Essener Kunstraum »zone E« betreibt er eine weitere Galerie in der Hauptstadt, »zone B«.

reiste die Ausstellung nach Schwerin, später sollte es nach New York gehen.

Herr Maron, die Fotoserie, mit der Sie die letzten Jahre Ihrer Mutter dokumentiert haben, heißt »Ein Leben«. Könnte Sie nicht auch »Ein Sterben« heißen?
Das Sterben ist nur einer von vielen Momenten im Leben, also steckt es im Titel eigentlich schon mit drin. Leben und Sterben hängen für mich eng zusammen. In den Bildern geht es aber auch um die Dinge und Gegenstände, die das Leben meiner Mutter geprägt haben und die sie geprägt hat. Vor allem geht es um ihr Haus und all das, was dort zurückgeblieben ist, als sie nicht mehr da war. Insofern interpretiere ich »Ein Leben« – ihr Leben.

Vielleicht könnte man auch von »Zwei Leben« sprechen? Ebenso wie um Ihre Mutter geht es schließlich um Sie selbst. Es ist eine sehr persönliche Arbeit, in der Sie viel von sich preisgeben, obwohl Sie auf den Bildern nicht zu sehen sind.
Ich habe mich selbst nicht thematisiert, aber natürlich sind die Fotos sehr persönlich und intim. Das liegt daran, dass ich ein unheimlich gutes Verhältnis zu meiner Mutter hatte. Ich bin ihr auf einer Ebene begegnet, die man als Liebesbeziehung beschreiben kann. Diese Bindung hat sich in der Phase, in der die Fotos entstanden sind, noch verstärkt. Das war sehr rührend. Die letzte Zeit bin ich fast ständig bei ihr gewesen, abwechselnd mit meiner Schwester und meiner Freundin, und unterstützt durch Pflegepersonal.

Wie kam es zu dieser Arbeit? War es ein bewusster Entschluss, Ihre Mutter am Ende des Lebens mit der Kamera zu begleiten, oder hat sich das einfach ergeben?
Fünf Jahre, bevor meine Mutter gestorben ist, rief sie mich eines Tages an. Sie fragte, ob ich sie zum Augenarzt bringen könne. Sie sollte

eine Laserbehandlung bekommen, und man musste ihr Atropin in die Augen tropfen. Sie hatte Sorge, sich danach schlecht orientieren zu können, und wollte nicht allein zurückfahren. Ich habe sie also aus der Praxis abgeholt und nach Hause gebracht. Dort bin in die Küche gegangen, habe ihr eine Kleinigkeit gekocht und den Tisch gedeckt, während meine Mutter am Tisch saß, zum Fenster gewandt. Wie ich sie so sah, mit der Augenklappe, die man ihr beim Arzt umgebunden hatte, verspürte ich den Wunsch, sie zu fotografieren. Das war das erste Bild. Nach dem Essen hat sie ein bisschen geschlafen. Ich hatte nichts weiter zu tun und bin in den Keller hinunter gegangen, um Wäsche zu waschen. Dort habe ich ein zweites Bild gesehen, das ich festhalten wollte. Aus der Waschküche heraus blickte ich durch das geriffelte Fenster nach draußen, dort hingen zwei Arbeitskittel meiner Mutter und ein kleiner roter Schal. Diese beiden Bilder waren der Anfang meines Langzeit-Projekts.

Was hat Sie an diesen beiden Bildern bewegt?
In dem einen waren Gebrechlichkeit und Vergänglichkeit sehr eindeutig formuliert und in dem anderen die zweite Haut, die ein Mensch trägt. Zusammen genommen waren das für mich Schlüsselbilder. Als ich die Filme entwickelt und mir die Aufnahmen angesehen habe, dachte ich: Wenn du jetzt öfter hier im Haus bist, kannst das weiterverfolgen. Und so habe ich weiter fotografiert, bis meine Mutter gestorben ist.

War Ihnen von Anfang an klar, dass es eine Dokumentation des Sterbens werden würde?
Ich habe an das Sterben am Anfang ehrlich gesagt gar nicht gedacht. Ich wusste natürlich, dass das Leben meiner Mutter – wie unser aller Leben – endlich ist, der Tod war im Hintergrund also durchaus präsent. Mich hat aber vor allem die Beziehung zwischen meiner Mutter und mir interessiert, die sehr euphorisch war. Das Entschei-

dende sind doch die Momente des Zusammenseins im Leben. Deshalb habe ich die Bilder auch nie zwischen Tür und Angel gemacht, sondern immer in Ruhephasen – wenn wir zusammen saßen und Tee getrunken haben und sie ein bisschen nachgedacht hat oder wir uns unterhielten. Es sind sehr kontemplative Bilder, sie drücken vor allem Anteilnahme aus.

Die Bilder sind also nicht gestellt.
Nein, sie haben sich ergeben aus Momenten der Rast, aus Gesprächen im Wohnzimmer und der Küche, bei denen das Stativ ohnehin daneben stand. Das ist alles so, wie es sich zugetragen hat. Ich habe nie eine Unterhaltung unterbrochen, um die Kamera aufzubauen und zu sagen: »Halt mal still.« Es war ein fließender, kein zerhackter Prozess. Deshalb sind meine Bilder auch analog fotografiert, nicht digital. So gehen die Zwischentöne nicht verloren.

Sie sind bei Ihren Aufnahmen sehr nah dran gewesen. Nun könnte man aber auch sagen: Mit der Kamera befand sich immer etwas zwischen Ihnen und Ihrer Mutter, das eine gewisse Distanz geschaffen hat. War das vielleicht eine Hilfe, sich mit ihrem baldigen Tod arrangieren zu können, den Gedanken an den Verlust nicht allzu dicht an sich heranlassen zu müssen?
Ich habe das nie so empfunden. Nehmen wir zum Beispiel das Bild, auf dem meine Mutter mit der Tasse in der Hand da steht: Ich hatte den Tee zubereitet und saß auf dem Sofa, mein Stativ griffbereit. Aus dem Prozess des Gesprächs und einem Augenblick des Innehaltens, in dem sie irgendeinem Gedanken nachhing, habe ich das Bild gemacht. Einfach so, ohne großes Aufheben. Das Bild wurde innerhalb einer sechzigstel Sekunde gemacht. Im Prinzip kann man also sagen: Da steht eine sechzigstel Sekunde gegenüber vielen Tagen, Wochen und Monaten, die wir miteinander verbracht haben.

Sie sprechen von Kontemplation, von Nachdenklichkeit. Auf mich wirkt manches Bild aber auch traurig – etwa das, auf dem Ihre Mutter den Kopf tief in die Hände stützt. War da zwischendurch, bei aller tröstlichen Nähe, auch ein Gefühl der Verzweiflung?

Eine Woche vor dem Tod meiner Mutter kam mein Onkel aus Frankfurt, um sie zu sehen. Plötzlich begann er, ein Lied zu singen. Sie kannte das Lied und stimmte ein. Meine Mutter hatte nur noch eine ganz schwache Stimme, trotzdem hat sie sich nicht aufgegeben. Sie war bis zur letzten Sekunde in der Lage, zu kommunizieren, wenn auch in seltsamer Form. Manchmal hat sie geseufzt wie ein kleines Kind. Das hätte man als Verzweiflung interpretieren können, meist wäre das aber falsch gewesen. Ich habe sie zwischendurch einfach gefragt, was dieser oder jener Laut bedeutet. Wir haben uns da annähern können und sie hat artikuliert, was ihr wichtig war.

Wie stand Ihre Mutter zu Ihrer Arbeit und dem Vorhaben, die Bilder später zu zeigen? Haben Sie darüber gesprochen?

Meine Mutter hat mich mein ganzes Leben lang begleitet, ist bei vielen Ausstellungseröffnungen dabei gewesen. Vor etwa zehn Jahren habe ich ein Buch gemacht mit dem Titel »Von Profanem und Heiligem«. Darin sind vor allem Gegenstände abgebildet – Skulpturen, Landschaften, Objekte. Die einzige lebendige Person darin ist meine Mutter, der das Buch auch gewidmet ist. Sie wusste, dass ich Künstler bin, und sie war früher schon Teil meiner Arbeit gewesen. Ja, ich habe mit ihr darüber gesprochen und ihr gesagt, dass ich eine große Ausstellung machen will und dass es wichtig ist, dass andere daran teilhaben können. Von der Idee war sie begeistert. Sie schätzte die Beachtung, die ich ihr vor allem in dieser Zeit geschenkt habe – übrigens nicht nur durchs Fotografieren, das war bloß eine Randerscheinung. Ich habe sie gewaschen, gebettet, gefüttert, hin- und hergetragen. Es ist nicht so, als wäre ich als stiller Beobachter in eine Situation eingedrungen und hätte tun und lassen können, was mir gefällt. Wenn meine Mutter es nicht gewollt hätte, hätte ich diese Fotos nicht gemacht. Ich habe es aber im tiefsten Inneren als Bedürfnis empfunden, und fühlte mich darin von ihr verstanden.

Hat sie die Bilder gesehen?
Ich habe ihr die Bilder gezeigt, die ich zwischenzeitlich entwickeln konnte. Bei dem Bild, auf dem sie den Kopf in die Hände stützt, sagte sie: »Ach, das ist ja wie ein Spiegel für mich. Ich sehe aus wie der Denker von Rodin!« Dazu muss man wissen, dass ich als Kind mit meinen Eltern eine Zeitlang in Paris gelebt habe und wir häufig im Musée Rodin waren. Insofern zeigte ihre Bemerkung, dass sie selber sehen konnte, in welchem Zustand sie sich befand. Vor allem aber drückte sich darin für mich ein unheimliches Zusammengehörigkeitsgefühl aus. Wer weiß, vielleicht denkt auch der eine oder andere Betrachter bei diesem Foto an die berühmte Plastik von Rodin, weil er sie auf einer Abbildung oder in einer Ausstellung gesehen hat. Aber x-mal gemeinsam in diesem Museum in Paris gewesen zu sein, den »Denker« bei all diesen Besuchen lange betrachtet zu haben, das bedeutet eine ganz besondere Verbindung. Als meine Mutter sagte, das Bild erinnere sie an Rodin, hat es bei mir gleich Klick gemacht.

Sie haben also nie daran gezweifelt, dass Sie diese Ausstellung machen würden? Oder gab es Momente, in denen Sie dachten: Vielleicht ist es doch zu persönlich?
Ich bin Folkwang-Schüler, habe bei Otto Steinert und Erich vom Endt studiert. Beide waren Vertreter der Subjektivität, also der Annahme, dass künstlerische Arbeit aus einer subjektiven Haltung heraus entsteht. Gerade weil ich so nah dran war und ein so enges Verhältnis zu meiner Mutter hatte, können andere Betrachter der Bilder mich verstehen. Wieso sollte ich das Ganze auf einer völlig neutralen und sterilen Ebene fotografieren, obwohl der Mensch doch ein Subjekt und kein Objekt ist? Sicher gibt es Besucher, die in die Ausstellung

gehen und sagen: »Das könnte ich nicht.« Einige sehen die Bilder vielleicht sogar als Eingriff in die Intimsphäre meiner Mutter. Das ist meiner Ansicht nach aber eine Projektion ihrer eigenen Intimsphäre. Vielleicht kennen sie eine solche Form der Nähe gar nicht, sind nur auf sich selbst fokussiert. Wer keine Nähe hat, kann Nähe auch nicht fotografieren. Ich wollte etwas vermitteln, was durch Einfühlsamkeit und Liebe getragen ist. Jemanden ausliefern, das würde ich nicht machen. Meine Mutter fand es toll, dass ich sie als Gegenstand ausgewählt habe.

Dennoch muss es kurz vor ihrem Tod einen Punkt gegeben haben, ab dem Sie keine Bilder mehr gemacht haben. War Ihnen das wichtig, eine Grenze zu ziehen – bis hier und nicht weiter?
Die Serie und die Ausstellung zeigen die Arbeit von mehr als 15 Jahren, aber es gibt darin in der Tat kein einziges Bild, auf dem meine Mutter tot ist. Nachdem sie gestorben war, habe ich kein Porträt mehr gemacht, eine Totenmaske wollte ich nicht. Sterben assoziiert man gemeinhin mit dem Endzustand, mir geht es um aber einen Prozess. Den Tod thematisiere ich nicht, höchstens indirekt. Es interessierte mich nicht, den Tod zu fotografieren, sondern mich interessierte, meine Mutter zu fotografieren. Und die lebte ja, das sind alles Bilder vom Leben.

Sie haben gesagt, das Verhältnis zu Ihrer Mutter war eine Liebesbeziehung. Können Sie das genauer beschreiben?
Ich fühlte mich als Kind zu Hause immer sehr geborgen. Als meine Mutter schwächer wurde, war ich von dem Wunsch erfüllt, ihr meine Dankbarkeit zu zeigen. Genau so, wie sie stets für mich da gewesen war, wenn ich krank war oder aus einem anderen Grund Aufmerksamkeit brauchte, wollte ich jetzt ihr helfen. Die Idee, ich könnte ihr zurückgeben, was sie mir als Kind gegeben hat, hat mich zu einer regelrechten Höchstform von Sorgsamkeit auflaufen lassen. Ich war

in der Situation, mich um meine Mutter kümmern zu dürfen, das ist ein echtes Privileg. Ich stelle es mir schrecklich vor, wenn man völlig außer Reichweite ist, etwa für längere Zeit im Ausland, und plötzlich erfährt, die Mutter ist gestorben. Ich habe mir gesagt: »Du hast einmal im Leben diese Chance, vertu' sie nicht.« Es ist auch nicht so, dass es eine Last gewesen wäre. Wir haben viel zusammen gelacht und rührende und ernsthafte Gespräch geführt. Es war eine ganz wunderbare Situation, auf die ich mich völlig einlassen konnte.

Oft kommen am Ende unbearbeitete Konflikte hoch.
Ich kann mich nicht entsinnen, dass es zwischen meiner Mutter und mir in dieser Zeit jemals Streit gegeben hätte. Klar hatten wir in meiner Kindheit und Jugend zwischendurch mal Konflikte, aber das war nichts Fundamentales, das war temporär. Diese kleinen Auseinandersetzungen haben die Haltung zu meiner Mutter nie verändert. Wenn man eine solche Haltung nicht hat, kann man eine Arbeit wie diese gar nicht machen. Da kann man sich ein Bein ausreißen, man kommt nie zu dieser Intimität.

Darf ich fragen, wie es war, als Ihr Vater starb?
Mein Vater ist ein paar Jahre vor meiner Mutter gestorben. Er war wegen eines Aneurysmas im Krankenhaus, hing an Kabeln und Schläuchen. Wir haben ihn häufig besucht, hatten jedoch nicht die Chance, ihn zu Hause zu belassen. Als er gestorben ist, war ich nicht da. Ich weiß aber, dass er rundum betreut wurde und meine Mutter ihn begleitet hat. Sie hat bei meinen Vater das übernommen, was ich später bei ihr übernommen habe.

Sie sagen von sich, Sie sind ein Mann des gesprochenen Wortes. Haben Sie mit Ihrer Mutter über das Sterben gesprochen?
Ja. Sie hatte große Schmerzen, die manchmal nur mit starken Medikamenten auszuhalten waren. Sie litt an einem so genannten Plasmo-

zytom, einer Art Blutkrebs. Das geht auf die Knochen. Um für Entlastung zu sorgen, hat sie häufig diese gebückte Haltung eingenommen, die man auf vielen der Bilder sieht. Es kam auch vor, dass sie gesagt hat: »Ich möchte jetzt sterben.« Als es ihr einmal besonders schlecht ging, mussten wir ins Krankenhaus. Ein junger Arzt sprach bei der Visite davon, sie werde jetzt noch eine Weile zu Hause leben und komme später in ein Seniorenheim. Er wollte offenbar freundlich sein und sie beruhigen. Meine Mutter wusste aber genau, dass das Quatsch ist, dass sie nicht mehr jahrelang leben wird. Sie hat gesagt: »Lassen Sie mich gehen.« Am Ende hat sie ihren Wunsch erfüllt bekommen und durfte zu Hause sterben.

Mit Ihrer Ausstellung haben Sie Bilder einer Sterbenden gewissermaßen mitten in unseren Alltag gesetzt. Die öffentliche Anwesenheit Sterbender ist aber nach wie vor unüblich und sie irritiert. War Ihnen das ein Anliegen – zu irritieren?
Eher nicht. Ich sehe mich als jemanden, der diese Arbeit für andere gemacht hat, die ihre Eltern nicht auf eine solche Weise begleiten konnten – zum Beispiel, weil die Beziehung problematisch war oder weil sie andere Dinge im Kopf hatten. In dem Moment, in dem man etwas künstlerisch reflektiert, spricht man nicht nur über sich selbst. Der Künstler macht eine Erfahrung, die er nicht bloß in Kunst übersetzt, sondern die er weitergeben will. Mir war bewusst, dass ich mit dieser Arbeit eine Art Stellvertreterfunktion übernehme. Einige Ausstellungsbesucher waren sehr berührt, weil die Bilder sie daran erinnerten, wie wenig Zeit sie selbst mit ihren Eltern verbracht hatten. Ein Mann fragte mich einmal in einer Email, ob ich bei der Arbeit geweint hätte. Er nämlich hätte geweint, als er die Bilder sah. Er hat weder erklärt, was er für ein Mensch ist, noch woher er kommt oder wo er die Ausstellung gesehen hat. Er hat nicht mal unterschrieben!

Warum ärgert Sie das so?

Mir ist natürlich klar, dass es ein Geschenk war, meine Mutter auf diese Weise begleiten und auch im Nachhinein so viel Zeit investieren zu können. Das ist eine Arbeit, die ein Mensch normalerweise nicht leisten kann. Mich ärgert aber, dass heute niemand mehr das kleinste bisschen Verantwortung übernehmen will, nicht mal für sich selbst. Aus meiner Sicht ist das das Hauptproblem unserer Gesellschaft. Bei der Verantwortung für die Eltern, die man trägt oder eben nicht, zeigt sich das besonders deutlich. Erst wenn es zu spät ist, wird vielen Menschen klar, dass sie immer Besseres zu tun hatten: die Arbeit, der Urlaub, die Freunde. Ausreden gibt es tausende, aber einer Situation, in der es darum geht, Position zu beziehen, in der es hart auf hart kommt, sind die meisten nicht gewachsen. Im Prinzip kümmern viele sich in den letzten Lebensjahren ihrer Eltern um gar nichts oder kaufen sich frei, und auf einmal stellen sie fest, dass in diesen Bildern vieles eingearbeitet ist, was bei ihnen Reue und Demut auslöst. Dieser Gedanke, nicht genug Zeit mit den Eltern verbracht zu haben, lässt sich nicht ewig verdrängen. Ich habe die Verantwortung für meine Mutter getragen, und ich muss zugeben, dass mich das mit einem gewissen Stolz erfüllt.

Vielleicht versäumen wir auch einfach deshalb so viel gemeinsame Zeit, weil wir zu wenig über den Tod sprechen, ihn als reale Möglichkeit zu wenig in Betracht ziehen?

Heute spricht man schon etwas mehr darüber, aber als ich mit dieser Arbeit angefangen habe, war das ein völliges Tabu. Hätte ich diese Serie vor 15 Jahren abgeschlossen, hätte sich kein Mensch dafür interessiert. Auch die Kunst beschäftigt sich mit dem Tod oft nur als Episode, als Gegenstand eines Zyklus. Insofern ist jetzt vielleicht der richtige Zeitpunkt, um für eine andere Wahrnehmung zu sorgen. Genauso wie um Offenheit geht es mir aber um Achtsamkeit. Die offenbart sich nicht nur im Umgang mit Menschen, sondern auch mit Dingen.

Viele der Bilder zeigen die sehr geordneten und behüteten Habselig-keiten Ihrer Mutter. Eigentlich gibt es sogar mehr Aufnahmen von Gegenständen als von ihr selbst. Sagen Dinge mehr über Vergäng-lichkeit als Gesichter?

Beide sagen viel. Der Prozess, um den es mir geht, ist aber vor allem an meiner Mutter zu erkennen. Das erste Bild ist fünf Jahre vor ihrem Tod entstanden. Im Verlauf magert sie sehr ab, am Anfang ist ihr Gesicht noch fülliger. Die Gegenstände wiederum habe ich nur ein-mal fotografiert, in ihnen ist die Vergänglichkeit schon eingeschrie-ben, zum Beispiel in die abgenutzte Brotschneidemaschine. Nichts in diesem Haus ist neu, alles ist aufgespeichert mit einer Zeit, die in die Dinge eingebrannt ist. Es sind keine toten, sondern lebende Objekte, die eine Geschichte erzählen. Sie stehen für das Leben meiner Mut-ter. Es waren Sachen dabei, die sie seit ihrer Kindheit aufbewahrt hat, etwa ein kleiner Engel mit einer Kerze, den man ihr zum ersten Geburtstag auf den Tisch gestellt hatte, und andere, sie am Ende ihres Lebens noch benutzte.

Ihre Mutter war offenbar meisterhaft darin, Dinge zu pflegen und in gutem Zustand zu erhalten, zu konservieren. Wenn man so will, haben Sie diese Arbeit später mit der Kamera fortgesetzt. Nach ihrem Tod haben Sie längst nicht aufgehört, im Haus zu fotografieren.

Wenn jemand stirbt, wird die Wohnung oder das Haus üblicher-weise in einem Wahnsinnstempo aufgelöst. Ich habe das Entgegen-gesetzte gemacht, bin sehr tief eingedrungen in die Materie. Ich habe das Haus noch zweieinhalb Jahre behalten und vom Keller bis zum Dach alles durchfotografiert. Es durfte nichts berührt werden, ich war völlig fokussiert auf diese Räume. Das war eine Art Status quo, eine Zwischenphase, die den Alltag noch repräsentiert hat, obwohl das Leben meiner Mutter schon ausgelöscht war. Für mich sind dabei ganz besondere Bilder entstanden, denn all diese Gegenstände hat meine Mutter arrangiert. Sie sind ein Ausdruck, ein Zeichen. Hätte man das Haus eine Woche nach ihrem Tod aufgelöst, wäre auch das Gesamtbild aufgelöst worden. Natürlich kann man so ein Haus nicht bis zum Sankt Nimmerleinstag behalten, aber ich war einfach noch nicht fertig.

Wie sah in diesen zweieinhalb Jahren Ihr Alltag aus?
An drei Tagen pro Woche habe ich im Haus gelebt und fotografiert und mich an den anderen Tagen um meine Studenten gekümmert. Wenn ich im Haus war, bin ich morgens aufgestanden, habe mir mein Stativ geschnappt und angefangen, Langzeitbelichtungen zu machen. Ich wollte alles so nachvollziehen, wie meine Mutter es gesehen hatte. Als könnte sie im nächsten Moment hereinkommen und all diese Gerätschaften benutzen. Die Küche habe ich als erstes abfotografiert, so dass ich die Dinge dort wieder verrücken und mir zwischendurch mal einen Tee oder etwas zu essen machen konnte. Das Telefon blieb angeschlossen, die Heizung ging noch, der Müll wurde weiter abgeholt. Es blieb alles voll funktionstüchtig. Inzwischen leben neue Leute in dem Haus und haben es natürlich nach ihren eigenen Vorstellungen eingerichtet.

Nach dem Tod Ihrer Mutter das Haus noch so lange in seinem ursprünglichen Zustand zu bewahren und alles abzubilden – war das für Sie ein Stück Trauerarbeit, so wie andere zum Friedhof gehen?
Man kann es so nennen, was immer Trauerarbeit auch sein mag. Abschied ist ein langsamer Prozess. Ich habe nicht nur mit den Aufnahmen im Haus viel Zeit verbracht, sondern auch später im Labor. Wenn ich die Gelegenheit hatte, habe ich mich zwölf Stunden am Tag dort eingeschlossen. Alle Bilder sind handvergrößert, für jedes benötigte ich eineinhalb bis zwei Tage. Natürlich fängt man an zu sinnieren, wenn man permanent mit diesen Bildern beschäftigt ist. Man versetzt sich wieder in die Situation, in der das jeweilige Foto entstanden ist. Man ist wieder inmitten der Gegenstände, die die Mutter

ausmachten. Mehr als sieben Jahre habe ich nach ihrem Tod noch fotografiert und vergrößert. Vielleicht würde ich das nicht Trauerarbeit nennen, sondern Blues. Weltschmerz. Stundenlang an den Bildern zu arbeiten, hat mir eine gewisse Befriedigung gegeben. Den Kontakt zu meinem Sujet habe ich jedenfalls nie verloren.

Andere schauen sich nach dem Tod eines Angehörigen lieber Fotos von früher an als von den letzten Lebensjahren, in denen man vielleicht ohnehin gar keine Bilder mehr gemacht hat. Diese Konzentration auf die guten Zeiten – ist das eine Form von Verdrängung?
Sich gut gemachte Fotos von früheren Zeiten anzugucken, kann ganz angenehm sein, aber auch dabei kann man natürlich den Blues bekommen – so wie ich bei den Bildern meiner Mutter und ihrer Dinge.

Was musste so ein Ding haben, damit es wert war, fotografiert zu werden?
Die entscheidende Frage war vor allem die, welche Dinge es wert waren, im Labor zum Leben erweckt zu werden und in die Ausstellung kommen. Ich habe 20.000 Bilder gemacht und musste am Ende 225 auswählen. Die wichtigsten sind natürlich immer die, die einen Ausschnitt aus der Lebenswelt meiner Mutter repräsentieren.

Die zum Beispiel zeigen, wie sie die Badeschuhe eingepackt hatte – in einem eigenen Karton, von Hand beschriftet und mit einem dünnen Faden umwickelt. Die Verpackung ist an einigen Stellen nicht mehr ganz intakt, erfüllt aber trotzdem noch ihre Funktion. Auf einem anderen Bild sieht man ein Brett-chen mit Rhabarber, den sie gerade in Stücke geschnitten hatte. Diese Stücke werden nicht einfach hingeklatscht, sondern sorgsam arrangiert. Daran kann man ablesen, mit

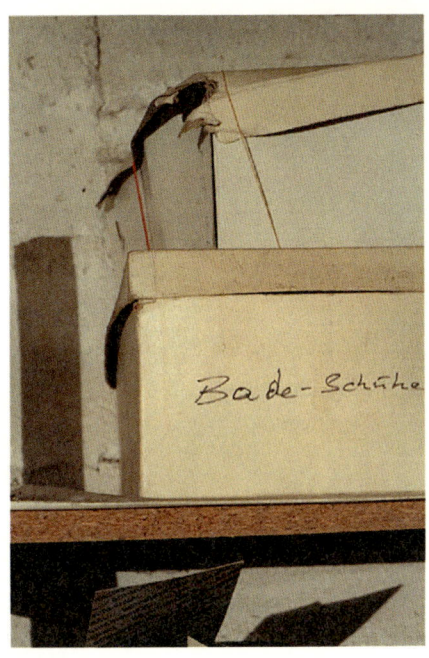

welcher Achtsamkeit meine Mutter ihr Leben geführt hat.

Alles hatte seinen Platz.
Meine Mutter wurde 1920 geboren, hat zwischen zwei Weltkriegen gelebt, da hat man wohl automatisch besser auf die Dinge aufgepasst. Dass wir heute mehr Geld verdienen, kann doch nicht heißen, dass wir die ganze Erde ruinieren. Als Mensch ist man zu einer gewissen Sorgfalt verpflichtet, das war meiner Mutter bewusst und das zeigte sich in diesem Haus ganz deutlich. Wo die Dinge platziert sind, wie sie platziert sind, was es für Dinge sind – das erzählt mehr über diese Frau als alles andere. Da steht hinter jedem Bild die Haltung eines Menschen, der die Gegenstände, die Dinge geachtet hat. Der sie nicht einfach in den Container oder die Mülltonne geschmissen hat, wenn sie nicht mehr funktionierten oder gerade nicht gebraucht wurden. Dinge auf diese Weise aufzubewahren und zu reparieren, ist in der

heutigen Wegwerfgesellschaft gar nicht mehr denkbar. Wenn das T-Shirt dreckig ist, kommt es weg, weil es teurer ist, es zur Reinigung zu bringen als ein neues zu kaufen. Das ist eine Unkultur, die im Bewusstsein meiner Mutter gar nicht vorhanden war. Sie hatte eine Nähmaschine, ein Körbchen mit Stopfgarn und einen Koffer, in dem bis zu einer Lochzange alles vorhanden war, um Schuhe und andere Dinge aus Leder auszubessern. Sie hatte alles, was sie brauchte, um im Haushalt so ziemlich jedes Problem zu lösen. Kümmert man sich um die Dinge, bleiben sie erhalten. Kümmert man sich nicht, bleiben sie nicht erhalten. Das gilt auch für Beziehungen. Was gibt es Schöneres, als sich zu sorgen und Verantwortung zu tragen – für Menschen, für Dinge? Wenn das Bewusstsein zu den Gegenständen nicht mehr da ist, hat man auch kein Bewusstsein zu sich selbst.

Neben den Bildern von Ihrer Mutter und deren Gegenständen gibt es eines von einem toten Frosch. Was hat es damit auf sich?
Neben der Waschküche im Keller war ein kleiner Raum mit Werkzeugen. Dort stand eine Wanne, in die mein Vater wohl vor Jahren einmal Öl abgelassen hatte. Ein Hauch davon war immer noch drin. Eines Tage muss sich ein Frosch dorthin begeben haben und in der Wanne verendet sein. Weil meine Mutter fast nie in diesen Raum ging, blieb der Frosch unentdeckt. Als ich nun nach Jahren wieder in den Keller kam, fand ich ihn dort mumifiziert. Ich habe gleich meine Kamera geholt und ein Foto gemacht. Tod und Fotografie haben per se eine enge Beziehung. Fotos konservieren den Moment, während die Zeit voranschreitet, das zeigt diese Aufnahme eindringlich. Der Augenblick ist eingefroren, während das Leben weitergeht.

Sie arbeiten fast ausschließlich mit Farbfotografie, auch in dieser Reihe. Nun könnte man meinen, Schwarz-Weiß sei die Farbe der Vergänglichkeit und damit passender.

Das würde ich so nicht sagen. Auch Farben können verblassen, und die Wirklichkeit vollzieht sich nun mal farbig. Viele Details lassen sich in Farbe stärker artikulieren. Das war vor allem bei den Gegenständen wichtig, die ich fotografiert habe, zum Beispiel die Einmachgläser. Um die eingeweckten Früchte überhaupt identifizieren zu können, braucht es Farbe, in Schwarz-Weiß wäre gar nicht zu erkennen, um welche Sorte es sich handelt. Das gleiche gilt für die feinen Gebrauchsspuren an einigen der Dinge. Insofern sind die verschiedenen Farben von großer Bedeutung. Sie verkörpern etwas, was bei Schwarz-Weiß-Bildern abgezogen werden würde. Das wäre eine große Manipulation, denn es entspricht nicht unserem Sehen. Die Farbfotografie ist mehr dem Menschen zugewandt.

Hat die Arbeit an dieser Serie Ihren Blick auf das eigene Sterben verändert?

Ehrlich gesagt mache ich mir keine großen Gedanken über meinen eigenen Tod. Wenn man viel arbeitet und ständig Projekte entwickelt, ist diese Fragestellung nicht so aktuell. Geprägt hat die Arbeit mich aber ganz bestimmt. Seit 15 Jahren bin ich damit beschäftigt, das ist ein großer Teil meines Lebens. Auch wenn ich an anderen Vorhaben ebenfalls lange gearbeitet habe, ist diese Intensität für mich etwas Besonderes. Insofern ist das mit den »Zwei Leben«, über die wir am Anfang sprachen, vielleicht tatsächlich zutreffend. Vor allem die letzten Jahre, die ich gemeinsam mit meiner Mutter in ihrem Kosmos verbrachte habe – der ja ebenso mein Kosmos war – haben mich stark beeinflusst.

Auch die Zeit davor war entscheidend. Seit ich geboren wurde, waren diese Dinge, die meine Mutter so gepflegt hat, und diese Kultur der Sorgsamkeit präsent. Das ist ein Teil der Erfahrungen, die meine Mutter mir mitgegeben hat. Ich habe bei ihr auch gelernt, nicht ignorant sich selbst gegenüber zu sein. Dafür zu sorgen, dass man gesund bleibt, dass es einem gut geht. Vielleicht ist auch das einer

der Gründe, warum ich über mein eigenes Sterben selten nachdenke. Selten heißt aber nicht nie.

Was sind das dann für Gedanken? Haben Sie zum Beispiel eine Vorstellung davon, an welchem Ort sie sterben möchten?
Wenn die Möglichkeit gegeben ist, würde ich gerne wie meine Mutter im eigenen Umfeld bleiben, mich mit vertrauten Dingen umgeben, meinen Vorlieben nachgehen. Ich höre zum Beispiel gerne Schallplatten. Wenn ich am Ende noch eine Schallplatte hören könnte und nicht nur einen MP3-Spieler hingestellt bekäme, dann wäre ich vermutlich schon ganz froh. Falls dann noch ein paar Freunde da wären, mit denen man sich noch immer gut versteht, fände ich das sehr schön.

»Am seidenen Faden«

Das Leben ist kostbar, der Tod unser ständiger Begleiter: Auch die Kunst erinnert den Menschen seit jeher an diese Wahrheiten – mal in zarten Andeutungen, mal durch einen beherzten Wink mit dem Zaunpfahl. Die Ludwig Galerie Oberhausen widmete dem Thema im Jahr 2012 eine Ausstellung mit dem Titel »Vanitas Vanitatum!«. Christine Vogt, die Leiterin des Museums, hat sie konzipiert. Ein Gespräch über frühe Einsichten, Keith Harings Seifenblase und die Kunst des guten Sterbens.

Frau Vogt, im Mittelpunkt der Ausstellung stand ein »Tödlein«. Das klingt beinah niedlich, steckte nicht der Tod mit drin. Was hat es damit auf sich?
Gemeint ist tatsächlich der kleine Tod, die Miniatur-Darstellung eines Verstorbenen. Das Tödlein aus der Sammlung Ludwig ist noch relativ groß, üblicherweise haben sie das Format einer Streichholzschachtel. Früher trugen viele Menschen diese Tödlein in einem winzigen Sarg mit sich herum. Dahinter stand der Appell: »Vanitas vanitatum!«, also

*Seit 2008 leitet Kunsthistorikerin **Dr. Christine Vogt** die Ludwig Galerie in Oberhausen. Das Museum zeigt Werke aus der Sammlung Ludwig, setzt sich in Ausstellungen mit dem Strukturwandel auseinander und bietet in der »Populären Galerie« Raum für Karikatur, Comic, Fotografie, Illustration und Plakatkunst.*

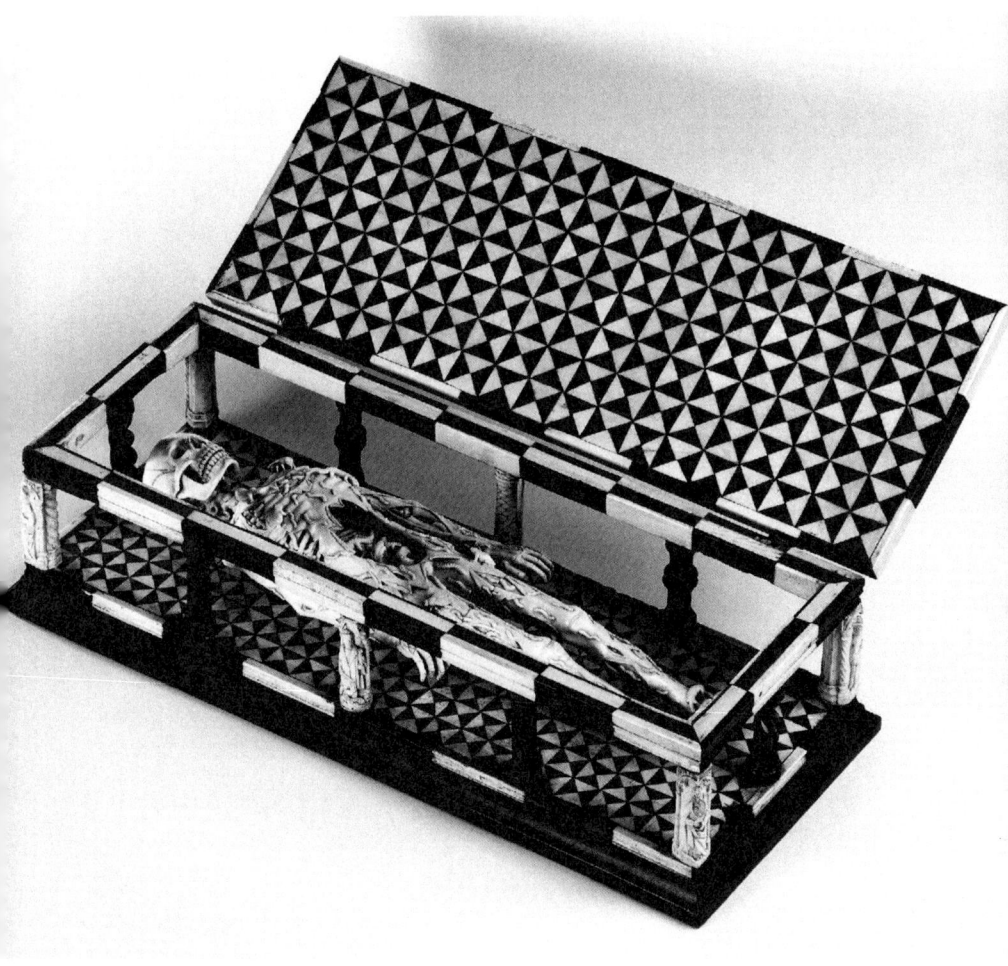

Memento mori in Form eines Grabmals, Westschweiz, um 1520. Museum Schnütgten, Köln, Inv.-Nr. B 160; Dennis Zetlitz, Gelsenkirchen)

in etwa: »Erinnere dich, dass du sterblich bist.« Es geht um die Vergänglichkeit des Lebens, die man sich stets vor Augen halten sollte. Man kann jeden Moment vor seinen Schöpfer treten müssen, das war die Botschaft. Die Darstellungsform des Tödleins kam in der frühen Neuzeit auf.

In der frühen Neuzeit war man also schon mal deutlich weiter als heute, was die Auseinandersetzung mit dem Tod angeht.

Auf jeden Fall. Schon im Mittelalter. Damals waren Tote sogar noch Rechtspersonen, die über ihren Tod hinaus gewisse Amtsgeschäfte vornehmen konnten. Im Gegensatz zu heute, wo mit dem Tod üblicherweise sofort die Zeit des Erbes anbricht, war das eine völlig andere Denkweise. Dieser Ansatz wurde auch im Alltag deutlich. Es gab zum Beispiel die Tradition, für den Verstorbenen noch eine Weile einen Platz am heimischen Tisch zu decken.

Wie zeigte sich diese andere Art des Umgangs in der Kunst?

Die alte Kunst ist sakral, weil meistens die Kirchen Auftraggeber waren. Das Sterben und die Vergänglichkeit spielen dabei immer eine Rolle, oft stehen sie sogar im Vordergrund. Man sieht es an jeder einzelnen Darstellung von Maria mit dem Kinde. Da ist diese schöne, strahlende, junge Mutter mit ihrem Sohn, aber wenn der kleine Christus die Beine übereinander legt, dann ist darin bereits das Kreuz zu erkennen, dann deutet der Tod sich schon an. Wenn das Kind den ersten Schritt macht, symbolisiert das den ersten Schritt zum Tod, auf den die Erlösung folgt – das ist schließlich der zentrale christliche Gedanke. Neben solchen Darstellungen gibt es spezielle Formen wie das Tödlein, die in besonderer Weise das Sterben, die Trauer, die Beweinung und die Erinnerung thematisieren. Erinnerungskultur ist wichtig in der alten Kunst. Dass wir den Tod heute so stark ausklammern und wegdrängen, wundert mich.

Was genau wundert Sie?

Dass wir so tun, als wären wir unsterblich und könnten mit 70 noch so aussehen wie mit 25. Als müssten wir immer jung und fit und leistungsfähig bleiben. Das war früher anders. Die Haltung von damals hatte auch mit einer gewissen Demut zu tun. Zu wissen und zu akzeptieren, dass Menschen sterben, und dass es vielleicht sogar gut ist, gewisse Vorbereitungen zu treffen – das ist etwas, was uns heute vollkommen abgeht.

An welcher Stelle ist uns das verloren gegangen?
Ich könnte mir vorstellen, dass es mit der Säkularisierung immer weiter zurückging. All diese kirchlich geprägten Rituale spielen heute keine große Rolle mehr. Ich weiß nicht, ob Gottesfürchtigkeit immer zu einem anderen Lebenswandel führt und ich persönlich bin kein religiöser Mensch, aber natürlich ist eine gewisse Gottesfürchtigkeit eine ethische und moralische Instanz. Vielleicht lag der bewusstere Umgang früher auch daran, dass der Tod viel präsenter war. Man denke an all die Epidemien – die Leute wussten vor lauter Tod zeitweise gar nicht, wie es weitergehen sollte. Außerdem leben wir inzwischen ganz anders als man früher in Familien- und Dorfgemeinschaften lebte. Ich komme aus dem Sauerland und erinnere mich an einen kleinen Altar, der bei uns zu Hause stand. Der Bruder meiner Mutter war früh gestorben, mit 13 Jahren, meine Großmutter hatte also ihren kleinen Sohn verloren. Als wir heranwuchsen, war das schon viele, viele Jahrzehnte her, trotzdem stand dort immer noch ein Bild von meinem Großonkel mit einem Trauerflor und einer Kerze. Je nach Jahreszeit wurden passende Blumen dazu gestellt.

Als Kind gehörte der Altar für den Großonkel und damit der Gedanke an den Tod zu Ihrer natürlichen Umgebung?
Ja, wenn man katholisch aufwächst, ist das nun mal so. Als ich diese Ausstellung vorbereitet habe, habe ich natürlich mit vielen Leuten über das Thema Tod gesprochen, auch im privaten Umfeld. Meine Mutter erinnerte sich aus ihrer Kindheit an eine völlig andere Wahrnehmung von Sterben und Tod, als sie heute üblich ist. Bei ihr kam eine Elternhälfte aus einem Schreinerbetrieb. Als meine Ur-Großmutter starb – meine Mutter war damals noch ganz klein – wurde die Tote in der Schreinerei aufgebahrt. Alle Verwandten und

Nachbarn kamen und betrauerten sie, das gehörte sich damals so. In dem Arbeitsraum, wo sie lag, gingen die Leute ein und aus, die Kinder liefen nebenher. Das hatte eine große Normalität. Es gab im katholischen – und eigentlich in jedem religiösen Zusammenhang – immer Riten, nach denen solche Ereignisse selbstverständlich gestaltet wurden und die letztlich alle mit dem Glauben an Erlösung zu tun haben.

Das Tödlein sieht allerdings mehr nach anatomischem Interesse als nach dem Glauben an Auferstehung aus.
Das stimmt. Es ist zwar einerseits in einem christlichen Kontext entstanden – das erkennt man schon an der Tatsache, dass der Körper in einem festen, verschließbaren Sarkophag liegt. Über alle Jahrhunderte durften Menschen katholischen Glaubens nicht verbrannt werden. Die Erwartung war, dass sich am Jüngsten Tag die Gräber öffnen und die Toten auferstehen. Andererseits wusste man Anfang des 16. Jahrhunderts natürlich schon, dass der Körper verwest und dass es Verfallsspuren geben muss. Am Tödlein aus der Sammlung Ludwig lässt sich bereits ganz viel medizinisches Interesse ablesen. Die Figur konnte man aus dem Sarkophag herausnehmen, es sind separate Teile. Das Skelett ist komplett sichtbar und in all seinen Feinheiten dargestellt. Das Gebiss hat einen beweglichen Unterkiefer.

Die Figur war bei ihrer Entstehung also nicht Kunstwerk, sondern wissenschaftliches Anschauungsobjekt?
Ein bisschen von beidem. Wir sprechen von so genannten »Kunst- und Wunderkammerstücken«. Ich habe einen Hang zu diesen Werken, die vermeintlich am Rande stehen. In den Kunst- und Wunderkammern kommen das Religiöse und Naturwissenschaftliche, das Schöne und das Rätselhafte dieser Welt zusammen. Von wem das Tödlein aus der Sammlung Ludwig stammt, ist nicht bekannt, ebenso wenig wie der Auftraggeber. Man nimmt an, dass es von jemandem bestellt wurde,

der einen intellektuellen, wissenschaftlichen Hintergrund hatte. Wahrscheinlich hat er sich mit Gleichgesinnten im Rahmen eines Gelehrtenkreises getroffen, man ist mit der Figur umgegangen und hat anhand dessen medizinische und naturhistorische Fragen debattiert. Dieses Tödlein aus Elfenbein zählt zum Feinsten, was man sich aus dieser Zeit und in diesem Zusammenhang denken kann. Bis auf ein paar Kleinigkeiten ist es sehr lebensecht. Für damalige Verhältnisse stellt es eine ausnehmend gute anatomische Studie dar.

Rätselhaft wirkt es aber auch.
Neben dem Wunsch nach wissenschaftlicher Erkenntnis ist hier immer noch ganz viel Aberglaube zu sehen. An diesem Tödlein merkt man genau, dass es sich um eine Übergangszeit handelte, in der die Menschen noch dabei waren, die Umstände des Todes und den menschlichen Körper insgesamt zu erforschen. Damals war es nicht gestattet, Gräber zu öffnen – die Unversehrtheit des Körpers spielte eine große Rolle. Nur Leichen von Mördern und Verurteilten durften seziert werden. Wer sowieso nicht in den Himmel kommt, weil er jemanden umgebracht hatte – so der Gedanke –, bei dem kann man das Antasten des Körpers eher rechtfertigen. Viele solcher Untersuchungen gab es aber nicht, manches an diesem Tödlein zeugt also noch von einer gewissen Unkenntnis. Ganz deutlich sieht man Kröten und Insekten, die über den Toten krabbeln. Man hat damals irrtümlicherweise angenommen, dass dieses Getier nach dem Tod aus dem Körper selbst entsteht. Auffällig ist auch: Genau dort, wo sich ursprünglich das Herz befand, sitzt eine Fliege. Die Fliege gilt als typisches Vanitas-Symbol, als Symbol für die Kurzzeitigkeit des Lebens. Welches Lebewesen wäre kürzer auf der Welt als die Eintagsfliege?

Ein bisschen etwas von dieser Unkenntnis besteht nach wie vor, wenn auch aus anderen Gründen. Viele Erwachsene haben noch nie einen Toten gesehen.

Ich auch nicht, und ich bin Mitte 40. Es hat sich einfach nicht ergeben, obwohl natürlich bereits Menschen in meinem Umfeld gestorben sind. Eigentlich ist das komisch und es sagt etwas aus über diese Gesellschaft aus. Mancher fällt aus allen Wolken, wenn seine über 80-jährigen Eltern sterben. Es gibt eine deutliche Tendenz, diese Fragen aus dem Leben heraus zu halten, das halte ich nicht für gesund. Ich glaube, dass es besser ist, sich klarzumachen, dass der Tod zum Leben dazu gehört, so hart, schockierend und schmerzhaft das auch ist.

Wenn man nun lange an einer Ausstellung wie dieser arbeitet und sich intensiv mit dem Thema Tod beschäftigt – verändert sich der Blick aufs Sterben, auch auf das eigene? Oder behält man die professionelle, kunsthistorische Brille auf?

Nein, natürlich nicht. Die Distanz zu dem Thema wird im Laufe einer solchen Arbeit geringer, die Bereitschaft zur Auseinandersetzung größer. Ich finde es wichtig, mir über den Tod Gedanken zu machen, mich damit zu beschäftigen und in gewisser Weise vorzubereiten – auf den eigenen Tod und auf den Tod geliebter Menschen. Was natürlich nicht heißt, dass man nicht trauert, dass man nicht geschockt, sprachlos oder wütend ist, wenn jemand aus der eigenen Familie oder dem Bekanntenkreis stirbt. Ich habe schon Freunde verloren, in relativ jungem Alter. Darauf kann man sich nicht vorbereiten, selbstverständlich ist man in einem solchen Fall emotional involviert. Zugleich blicke ich als Kunsthistorikerin sicherlich auch professionell auf die Exponate.

Was sehen Sie da? Was fasziniert Sie?

Viele Symbole der Vergänglichkeit. Das Tödlein ist ein offensichtlicher Fall, aber es gibt auch unzählige weitere Werke, in denen der Vanitas-Gedanke sichtbar wird. Ich finde es spannend, dass die Menschen in früheren Jahrhunderten immer wieder Zeichen dafür gefunden haben: die verlöschende Kerze ist zum Beispiel ein häufiges, oder der Rauch – kaum da und schon wieder weg. Deshalb muss auf dem Altar in der

Kirche auch das ewige Licht brennen, das hat mit dem Lebenszyklus und dem Auferstehungsgedanken zu tun. Die ziehenden Wolken am Himmel sind ebenfalls ein Symbol, auch das aufgeblähte Segel eines Schiffs. Besonders eindeutig in seiner Botschaft ist der Totenschädel. Darüber hinaus gibt es Blumenkränze, die die verschiedenen Jahreszeiten darstellen und auf diese Weise zeigen, dass der Kreislauf des Lebens immer weitergeht. Mir persönlich gefällt besonders die Spinne, die sich am seidenen Faden abseilt, wie es in vielen Stillleben zu sehen ist. Das Leben hängt am seidenen Faden – daher kommt die Redewendung. Es reizt mich, solche Botschaften zu entschlüsseln. Unzählige Bilder haben die Künstler damals benutzt, um unsere Kurzlebigkeit ebenso zu verdeutlichen wie die Tatsache, dass sich das Rad der Zeit ständig weiter dreht, dass alle älter werden und sterben, zugleich aber immer wieder Kinder zur Welt kommen. Das ist ein Kreislauf und deshalb ist es richtig und gut, dass wir sterben.

Die Fähigkeit, sich mit der Vergänglichkeit auseinanderzusetzen, ist uns offensichtlich ein Stück weit abhanden gekommen, während die Bilder dafür die gleichen geblieben sind. Die meisten dieser Vanitas-Symbole kennen wir heute noch.
Einige davon, ja. Es gibt aber auch welche, die in Vergessenheit geraten sind. Wir haben in der Ausstellung Grafiken gezeigt, auf denen sich auch weniger bekannte Anspielungen finden. Der »Lebensbaum« etwa, den Tod und Teufel fällen wollen. Oder »Frau Welt«, eine januskaköpfige Figur, vorne jung und hinten alt. Daneben wieder Tod und Teufel, die versuchen, ihre Seele zu zerstören. Das ist eine weitere Frage, die immer wieder auftaucht: Bleibt da was? Gibt es eine Seele, oder ist es nur der Körper? Dieser Moment des Übergangs vom Leben in den Tod – da stellen sich nach christlicher Lesart wichtige Weichen. Das Entscheidende ist: Komme ich in den Himmel oder die Hölle? Gehöre ich zu den Guten oder zu den Schlechten? Wie ist das nun beim Jüngsten Gericht und mit der Auferstehung? Vielleicht ver-

unsichert uns der Gedanke an den Tod auch deshalb so, weil wir diese Frage nach dem Danach nicht beantworten können. Früher war man überzeugt, darauf Einfluss nehmen zu können. Jeder einzelne sah sich in dieser Hinsicht gefordert, egal welchen Hintergrund und welchen sozialen Stand er hatte.

Sterben müssen alle.
Der Tod ist in der Tat eine höchst demokratische Angelegenheit. Der Papst muss sterben, der König muss sterben, der Kaiser muss sterben, genauso wie der Bauer und der Bettler. Männer und Frauen müssen sterben. Dass der Tod alle angeht, zeigen in der Kunst vor allem die so genannten »Totentänze«, in denen die Macht des Todes über die Menschen in einer Reihe von Szenen dargestellt ist. Teil unserer Ausstellung war ein sehr umfangreicher Totentanz, die so genannten »Zitzenhausener Figuren«. Der Tod nimmt hier jeden mit und sagt ihm noch ein Sätzchen dazu. Von jedem Einzelnen hält er einen Gegenstand in der Hand, der für seinen Rang oder seinen Beruf steht. Beim König bläst er die Standarte, außerdem hat er die Fahne und das Wappen – Insignien der Macht, die nur der König tragen durfte. Beim Kardinal hat der Tod einen Kardinalshut auf und beim Koch reckt er einen Spieß mit einem gegrillten Hähnchen in die Höhe. Typisch ist der Narr, der den Tod nicht erkennt. Nicht zu realisieren, dass man sterblich ist, gilt als eine der närrischen Taten. Die Zitzenhausener Figuren haben als Vorbild den Totentanz, der im 15. Jahrhundert in Basel an die Klostermauer gemalt worden war, und den jeder, der daran vorbeiging, sah. Es ist eine volksnahe Kunst, die jeden zur Betrachtung mahnt und von der sich früher jeder etwas annahm. Oder man denke an den heiligen Christophorus.

Den Schutzheiligen der Reisenden?
Eigentlich ist er gewissermaßen der Schutzheilige für die Reise in den Tod. Im Mittelalter und in der frühen Neuzeit beteten die Leute

ihn an, um vor einem »schlechten Tod« bewahrt zu werden. Um gut vorbereitet in den Tod zu gehen, benötigte man die Sakramente. Viele hatten Sorge, plötzlich zu sterben – ohne die letzten Sakramente, ohne eine letzte Beichte. Hatte man an diesem Tag aber schon zum heiligen Christophorus gebetet, konnte das als Ersatz gelten. Deshalb finden sich in vielen Kirchen, zum Beispiel im Kölner Dom, an den Eingängen große Malereien oder Skulpturen, die Christophorus zeigen. So konnte man schnell die Kirchentür aufmachen und ein Stoßgebet sprechen, selbst wenn man in Eile war.

Wäre man an diesem Tag vom Blitz getroffen worden, hätte dennoch alles seine Ordnung gehabt?
Ja, denn man hatte den Segen des Heiligen. »Ars bene moriendi«, die Kunst des guten Sterbens – das war das Ziel. Im späten Mittelalter und im 17. Jahrhundert entstanden Bilder, die genau zeigen, wie das funktioniert, wie man sich als Christenmensch auf den Tod vorbereiten kann und sollte. Am wichtigsten waren die Sakramente und das Flehen zu Gott, die Seele an den richtigen Ort zu leiten. Diese Bilder sind ein Appell, sich zu kümmern. Sie haben immer etwas Belehrendes, Aufforderndes. Und es scheint auch heute noch ein Streben nach einer gewissen Form der »ars bene moriendi« zu geben – wie gesagt: Mancher hängt sich nach wie vor den heiligen Christophorus an den Autospiegel.

Ist der Umgang mit dem Tod der Kunst genau so verloren gegangen wie uns in unserem Alltag, oder zeigt er sich auch in modernen Werken?
Unbedingt. Viele Künstler beschäftigen sich in ihrer Arbeit mit dem Sterben, manchmal nehmen sie sogar Bezug auf die alten Formen. Es gibt Künstler, die in der Tradition bleiben und Totentänze in einer modernen Umsetzung zeigen. Überhaupt setzen sich eine Menge Künstler in ihren Werken mit Tod und Trauer auseinander. Das ist überhaupt keine Seltenheit.

In der Ludwig Galerie lief zeitgleich zur Vanitas-Ausstellung eine Schau mit Plakaten von Keith Haring. Wie passt das zusammen? Sehr gut, es gibt auf jeden Fall Parallelen. Keith Haring wusste, dass er sterben würde. In den 1980er Jahren war eine Aids-Diagnose noch ein Todesurteil. Auch in Harings Umfeld waren viele Menschen erkrankt, nur wenige haben überlebt. Er hat eine ganze Reihe von Bildern zur Todesthematik gemacht. Da kommen Maden vor oder die Seifenblase, die ebenfalls ein typisches Vanitas-Symbol ist. Wenn man diese Symbole lesen kann, ist der Zusammenhang offensichtlich. Haring hat sich vielfach an solchen kunsthistorischen Sinnbildern orientiert und sie aufgenommen. Eines seiner Plakate zeigt eine Figur, die mit einer Nadel in eine Seifenblase sticht. Die Seifenblase ist etwas Schillerndes, etwas unheimlich Schönes, das schweben kann, das nach oben geht. Sie steht für das Leben als etwas Besonderes und Wundersames, aber eben auch Kurzlebiges. Diese »Lebensblase« wird hier zerstochen, die ohnehin geringe Lebensdauer weiter verkürzt. Das sind klare Botschaften und eindeutige Symbole.

Die Keith Haring-Ausstellung war auch bei Schulklassen beliebt. Haben Sie das Thema Tod in den Führungen für die Kinder angesprochen?
Wir hatten unglaublich viele Schulklassen in der Ausstellung, und natürlich wurde bei den Führungen thematisiert, dass Keith Haring Aids hatte und dass er sterben würde, dass er das wusste und dass sich dieses Wissen in einigen Bildern zeigt. Die Reaktion der Kinder war unaufgeregt. Sie gehen unbedarfter, natürlicher mit dem Tod um als wir Erwachsene. Sie sehen das Problem nicht – das Problem sind wir.

Muss man eine Schau wie »Vanitas Vanitatum!« an eine populäre wie die mit den Werken Keith Harings andocken, um Publikum zu bekommen? Ein Ausstellungsplakat mit einem Tödlein darauf finden viele wahrscheinlich eher irritierend als dass es sie ins Museum lockt.

Es ging in erster Linie darum, dieses prominente Stück aus der Sammlung Ludwig zu zeigen und es in eine Reihe von Grafiken zum Thema einzubetten. Da stellte sich gar nicht die Frage, ob man drumherum eine große Ausstellung macht. Selbstverständlich könnte man viele weitere Stillleben zeigen. In Kassel gibt es ein ganzes Museum für Sepukralkunst. Die Menschen sind durchaus fasziniert vom Thema Tod und davon, wie es früher aufgefasst wurde. Es ist nicht so, dass es da kein Interesse gäbe. Um eine Sammlerin zu zitieren, von der wir uns Grafiken für die Ausstellung geliehen haben: »Tod geht immer.«

Nicht zuletzt im Fernsehen. Meinen Sie, die Menschen kommen aus den gleichen Beweggründen in eine solche Ausstellung, aus denen sie sich Gerichtsmediziner-Serien anschauen?
Die Beweggründe der Besucher waren ganz unterschiedlich. Zum einen gab es natürlich diejenigen, die eigentlich zu Keith Haring wollten und eher zufällig in den Raum mit dem Tödlein kamen. Daneben gab es die, die kunsthistorisch interessiert sind und sich vielleicht schon mal mit dem Thema beschäftigt hatten. Sie waren dankbar, dieses besondere Elfenbeinstück zu sehen zu bekommen. Und dann waren da jene, die neugierig waren und dachten: »Huch, was ist das denn? Das schau' ich mir mal an.« Natürlich ist dieses Tödlein auch ein bisschen gruselig und ein bisschen ekelig, aber gerade das zieht uns auf eine gewisse Art und Weise an. Sonst gäbe es keine Krimis, keine Horrorfilme, kein CSI. Das hat einfach eine Faszination, und das ist menschlich. Es ist uns gegeben, dass wir so etwas spannend finden.

Wie waren die Reaktionen?
Genau so unterschiedlich wie die Beweggründe. Bei meinen Führungen habe ich die Erfahrung gemacht: Es gibt viele Leute, die das Tödlein beeindruckend finden und sehr interessiert sind, insbesondere, wenn man ihnen den historischen Kontext nahe bringt, in dem es entstanden ist. Menschen, die gerade einen Verlust erlitten

haben, schrecken dagegen vor solchen Darstellungen häufig zurück. Sie könnten sich nicht schon wieder mit dem Tod auseinandersetzen, sagen sie. Mir sind auch einzelne Besucher begegnet, die eine solche Ausstellung grundsätzlich ablehnen. Das müsse man doch wohl nicht zeigen, finden sie, der Tod sei auch so schon schrecklich genug.

Woher genau stammt der Titel, den Sie der Ausstellung gegeben haben: »Vanitas vanitatum«?
Der Titel bezieht sich auf ein Gedicht von Andreas Gryphius aus dem 17. Jahrhundert. Dieses Gedicht hat er geschrieben, um auf die Gräuel des Dreißigjährigen Krieges aufmerksam zu machen. Wenn man aus heutiger Perspektive zurückblickt und die Kriege des 20. Jahrhunderts sieht, kommt einem die Zeit, in der Gryphius lebte, vielleicht halb so schlimm vor. Damals aber bedeutete der Dreißigjährige Krieg die Verwüstung ganzer Landstriche. Der Titel des Gedichts lautet: »Vanitas vanitatum et omnia vanitas«. Aufgrund dessen hat sich »Vanitas vanitatum« zum geflügelten Wort entwickelt. »Vanitas« lässt sich heute eigentlich kaum noch übersetzen. Es heißt in etwa »Eitelkeit«, aber der Begriff der Eitelkeit hat einen erheblichen Bedeutungswandel durchlebt. Die Übertragung von »Vanitas« in die heutige Sprache ist also schwierig, aber es bleibt die Erinnerung daran, dass wir alle sterblich sind.

Wir maßen uns an, den Tod ins Reich des Theoretischen zu verbannen, zumal als junge Menschen.
Insofern ist der Begriff der Eitelkeit wenigstens teilweise treffend. Dazu passt, dass auch der Spiegel, in dem ein Mensch sich betrachtet, als Vanitas-Symbol auftaucht. Man sollte sich zurücknehmen – das ist der Aufruf, der in »Vanitas vanitatum« steckt. In Gryphius' Text kommen viele der Symbole vor, die wir aus den Bildern kennen. Zum Beispiel die Seifenblase, die den Weg bis in die Werke von Keith Haring geschafft hat. Ich halte den Vanitas-Gedanken nach wie vor für ein

spannendes, wichtiges, manchmal natürlich auch beängstigendes und unheimliches Thema. Es ist wirklich etwas, mit dem sich alle, alle, alle, auseinander setzen müssen.

Wir sollen den Tod also ernster nehmen, weil er uns in jedem Moment ereilen könnte. Andererseits wiederum sollen wir ihn nicht allzu ernst nehmen, keine Berührungsängste haben, weil er zum Leben dazu gehört. Das lässt uns etwas ratlos zurück.

Ich persönlich wünsche mir einfach, dass wir dem Tod die gleiche Normalität geben wie der Geburt. Das geht nicht in jedem Fall, denn der Tod zeigt sich auf unterschiedliche Weise. Wenn jemand nach einem erfüllten Leben gehen darf, ohne leiden zu müssen, dann ist das doch eigentlich eine wunderbare, schöne Sache. Wenn aber jemand auf tragische Weise mitten aus dem Leben gerissen wird, sieht das anders aus. Das sind Dinge, für die man sich nicht wappnen kann. Es gibt auf die Fragen von Leben und Tod keine allgemeinen Antworten – von mir nicht und von der Kunst auch nicht. So oder so ist es nicht verkehrt, sich frühzeitig mit dem Thema zu beschäftigen und mit den eigenen Angehörigen darüber zu rede. Ob man die Erkenntnisse daraus umsetzen kann, wenn im Umfeld jemand stirbt, steht auf einem anderen Blatt.

Haben Sie schon mit Ihren Eltern darüber gesprochen?
Ich habe meine Eltern vor langer Zeit einmal gefragt, wie sie sich ihre Beerdigung vorstellen. Mein Vater war zunächst überrascht von der Frage. Ob ich denn wolle, dass er schon sterbe, hat er im Scherz geantwortet. Ich habe gesagt: »Ich will, dass du ganz alt wirst, aber ich möchte auch Klarheit über gewisse Dinge. Es kann immer etwas passieren und dann möchte ich wissen, was du gewollt hast. Du kannst mir jetzt entweder sagen, wie du dir deine Beerdigung vorstellst, oder sie wird so, wie ich es möchte – und ich bin nicht sicher, ob dir das recht wäre.« Inzwischen weiß ich, was meine Eltern sich vorstellen

und fühle mich wohler. Mir nimmt das ein Stück Angst, eine gewisse Anonymität. Dafür muss man aber miteinander reden. Das Tabu muss da raus.

Viele würden jetzt wahrscheinlich sagen, dass es verdammt schwierig ist, den richtigen Zeitpunkt für ein solches Gespräch zu finden.
Natürlich ist das schwierig. Vielleicht hat man auch Angst, dass solche Fragen nicht gut ankommen. Das kann aber kein Grund sein, sie nicht zu stellen. Ich finde, man sollte die Antworten durchaus einfordern. Wenn jemand Kinder in die Welt setzt, übernimmt er eine Verantwortung. Die kann er den Kindern auch am Ende des Lebens nicht alleine zumuten. Es gibt eine Verantwortung für das eigene Leben und damit für den eigenen Tod. Das ist ein Thema, das man besprechen sollte. Wenn unser Tödlein und die Ausstellung in dem einen oder anderen Fall dabei helfen konnten, umso besser.

Kommt da noch was nach?
Mal sehen. Mich interessiert auch die Erinnerungskultur des Mittelalters und der frühen Neuzeit. Der Gedanke, dass nach dem Tod nicht alles vorbei ist, dass der Mensch Spuren hinterlässt, war damals besonders stark ausgeprägt. Sicher, auch wir schreiben heute die Namen unserer Toten auf Grabsteine. So lange es den Namen gibt, so die Idee, ist der Mensch nicht vergessen. Oder man denke an die Tradition des Totensonntags. Im Mittelalter gab es aber noch ganz andere Formen des Gedenkens. In Porträtreihen zum Beispiel kommen sogar ganz früh verstorbene Kinder der Familie vor, manchmal ist über ihren Kopf ein Kreuz gemalt. Sie sind alle noch da, ins Gedenken eingeschlossen. Das hat viel Tröstliches.

»Den Elefant beim Rüssel packen«

Felix Mannheim war 29 Jahre alt, als er sich auf ein ungewöhnliches Projekt einließ: Für das Schlosstheater Moers erarbeitete er eine Reihe über Sterben und Abschied. Eineinhalb Jahre lang befasste der junge Dramaturg sich intensiv mit dem Tod – einem Thema, das für ihn zuvor kaum weniger weit weg war als für die meisten anderen Endzwanziger auch. Wie diese Theaterarbeit ihn bis heute prägt und was das mit Elefanten zu tun hat.

Man kann sich publikumsträchtigere Themen vorstellen als das Sterben. Wie kam es dazu, dass Sie sich in Ihrer Arbeit genau damit beschäftigt haben?
Am Schlosstheater Moers gab es seit langem die Überlegung, eine Reihe zum Thema Sterben und Tod zu machen. Solche Projekte

Felix Mannheim, geboren 1981, hat Journalistik und Politikwissenschaft studiert, bevor er am Schauspiel Dortmund als Dramaturg anfing. Später leitete er die Dramaturgie am Schlosstheater Moers, wo die Reihe »über-Gehen« entstand, von der er hier erzählt. Das Thema Sterben begegnete ihm in seinem neuen Job gleich wieder: Für eine Kommunikationsberatung, die sich mit Projekten zur Medienkompetenz beschäftigt, erstellt er unter anderem Unterrichtsmaterial zum Umgang mit Tod und Trauer.

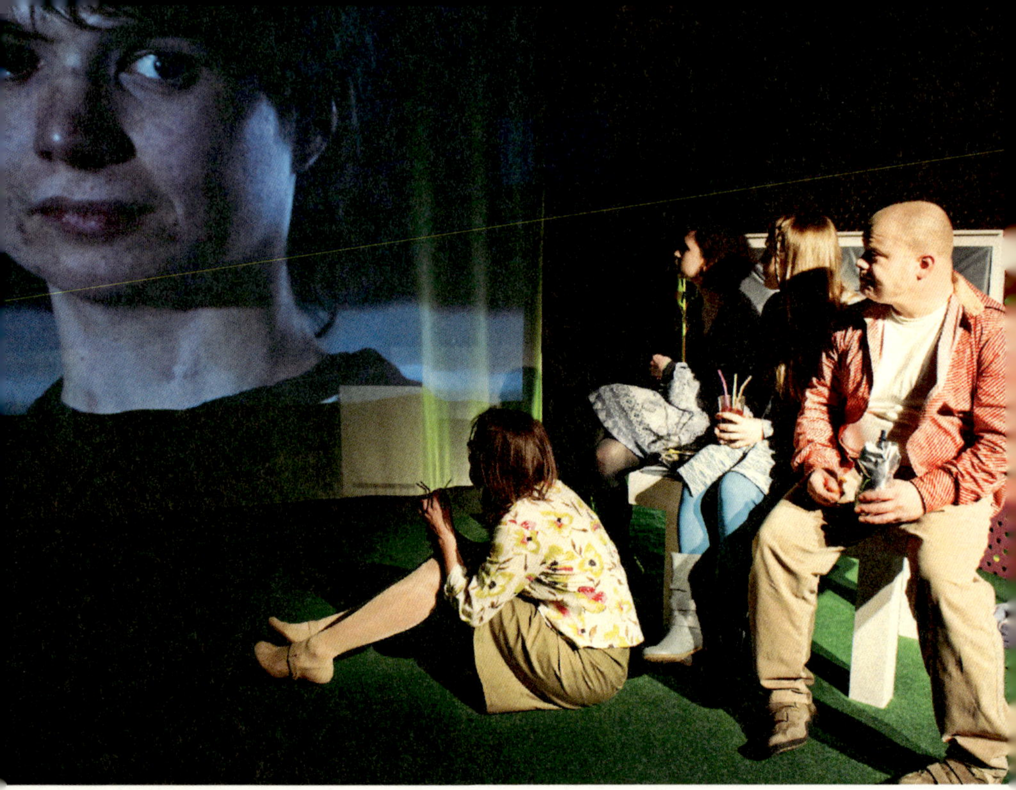

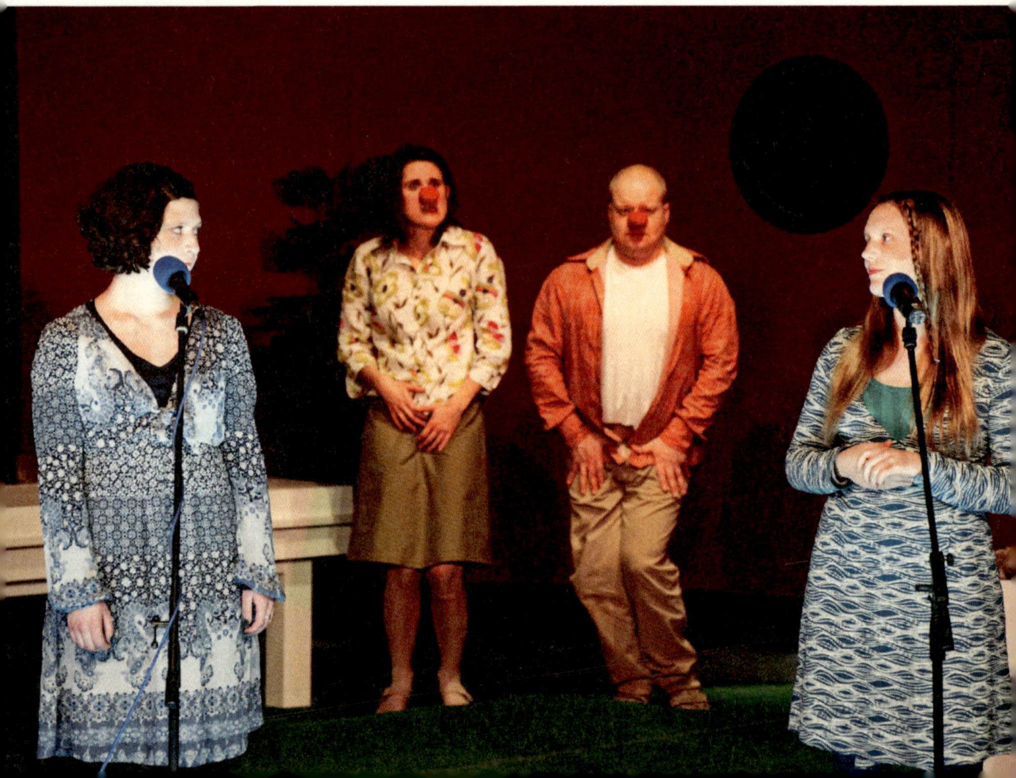

im Grenzbereich zwischen Kunst und Sozialem sind dort unter Intendant Ulrich Greb gute Tradition geworden. Sie sollen Themen, die sonst tabuisiert oder in Klischees verhandelt werden, auf neue Weise in die Öffentlichkeit bringen. Ein paar Jahre zuvor hatte es eine Kampagne zu Demenz gegeben. Es ging darum, die Krankheit nicht nur als Schwäche zu betrachten, sondern zu zeigen, was die Betroffenen Besonderes an sich haben. Unter anderem haben Schauspieler und Demenzkranke gemeinsam improvisiert. Es entstanden beeindruckende Szenen mit diesen älteren Menschen, die zwar sehr sensibel für den Augenblick, aber beinah gänzlich ohne Erinnerung waren. Jeden Abend ist etwas anderes passiert. Einmal war ein Schauspieler nicht gut drauf und hat sich eher in die Szenen gezwungen, als dass er locker mitgemacht hätte. Einer der Demenzkranken hat das gespürt, ist mitten im Stück auf ihn zugegangen und hat gefragt: »Was hast du denn?« Es gab viele heitere Momente in diesem Projekt. Sowohl die Beteiligten als auch die Zuschauer haben sich anders mit Demenz beschäftigt, als sie es sonst taten. Das hat uns Mut gemacht, ein weiteres Tabuthema anzugehen.

Und der Tod ist nach wie vor das größte Tabu?
Wir alle sehen heute viele Tote im Fernsehen und überhaupt in den Medien. Unsere Beobachtung war dennoch, dass das Thema verdrängt wird – zumindest, wenn es um den eigenen Tod geht.

Dabei kann man durchaus den Eindruck bekommen, dass auch dieses Thema inzwischen häufiger auftaucht.
Ja, aber behandelt wird es dann meistens in gewissen Schablonen. Es gibt zum Beispiel viele Berichte von Kinderkrebsstationen, die aber fast alle eine bestimmte Färbung haben. In Filmen sehen wir zudem oft, wie Menschen am Ende eines langen Lebens ihre Konflikte aufarbeiten und friedvoll sterben. Das gibt es natürlich auch, aber in der Auseinandersetzung helfen diese einheitlichen Bilder und Episoden wenig.

Sie wollten es anders machen – wie?

Wir sind in einen Randbereich gegangen, vor dem man – auch zu
Recht – Angst hat. Wir haben mit Menschen gesprochen, die sehr
früh im Leben mit dem Gedanken ans Sterben konfrontiert wurden: Jugendliche und junge Erwachsene, die schwer erkrankt waren
oder es noch sind. Einige von ihnen hatten ein Krebsleiden hinter
sich. Sie haben uns erzählt, was sich verändert hat, seit es diesen Riss
in ihrem Leben gab und alles, was vorher selbstverständlich gewesen war, plötzlich aufs Extremste in Frage stand. Andere litten an so
genannten lebensverkürzenden Krankheiten. Seit sie denken konnten,
begleitete sie das Wissen, dass sie früher sterben werden als andere.
Diese jungen Menschen haben uns berichtet, wie die Krankheit ihre
Einstellung zum Leben beeinflusst hat. Eigentlich sind alle Projekte,
die man übers Sterben macht, Projekte übers Leben. Es geht letztlich
immer darum, wie man sein Leben sieht.

Wie sehen diese jungen Menschen ihr Leben?

Es mag platt klingen, aber was wir bei allen festgestellt haben, war ein
besonderes Bewusstsein. Diese alltäglichen Abläufe, von denen man
leichtfertig denkt, sie seien langweilig oder gar lästig – wenn man sich
die erst wieder erkämpfen muss, bekommen sie eine andere Bedeutung. Wenn ein Jugendlicher nach einem langen Leidensweg, etwa
nach einer Knochenmarkstransplantation und dem damit verbunde-
nen Aufenthalt auf der Isolationsstation in die Schule zurückkommt,
dann sieht er Schule plötzlich mit neuen Augen. Wovon wir immer
wieder gehört haben, war auch die Freude an einfachen Dingen – an
einem Morgen, an einer Pizza, an Raupen, die über eine Wiese krabbeln. Eine junge Frau – Lisa – hat uns gesagt: »Ich kann gar nicht
mehr verstehen, wieso Leute fernsehen, das ist völlige Zeitverschwen-
dung. Es gibt so vieles, was man machen und entdecken und leben
kann.« Ich weiß, das hört sich an wie eine Kalenderweisheit. Wenn ich
irgendwo lese »Lebe jeden Augenblick«, finde ich diese Phrase erstmal

furchtbar. Wir sind nun aber auf Leute getroffen, die solche Sätze aus einem anderen Blick heraus, mit einer anderen Wahrhaftigkeit wirklich meinen. Das war faszinierend: Menschen zu begegnen, die in großen Nöten waren und schwere Kämpfe kämpfen mussten, und die trotzdem Lebensmut und Freude empfanden. Angesichts dessen habe ich oft gedacht – und auch das klingt wieder platt: »Mir geht's verdammt gut.« Vieles, von dem ich glaube, es sei ein riesiges Problem, ist eigentlich ein relativ kleines.

Kann man diese Einsicht in den Alltag retten? Herumlaufen mit dem ständigen Gedanken daran, wie wertvoll das Leben ist – geht das überhaupt?
Ich glaube nicht und ich bezweifle auch, dass es erstrebenswert wäre. Es ist nicht so, dass ich in schwierigen Situationen jetzt immer denke: »Erinnere dich daran, was diese Jugendlichen dir erzählt haben.« Trotzdem war die Arbeit für mich eine prägende Erfahrung. Wozu das im Alltag konkret führen wird, kann ich noch nicht sagen. Gelernt habe ich jedenfalls, schwierige Themen offen anzusprechen und den Gang in Grenzbereiche zu wagen. Ich habe erfahren, dass man große Lebensfreude verspüren kann, gerade weil, und nicht obwohl man sich mit schwerwiegenden Fragen beschäftigen muss. Was ich bei der Arbeit an diesem Projekt ebenfalls deutlich gespürt habe und wovon ich hoffentlich etwas mitnehme, ist die Rücksicht aufs Nicht-Funktionieren. Wir neigen zu einem sehr funktionalen Menschen- und Weltbild. Man hat Aufgaben und Ziele, die man sich selbst gesteckt hat und die man erfüllen will. Vielleicht wird man manchmal auch ein Stück weit von anderen getrieben, sie zu erfüllen. Durch diese Reihe jedenfalls ist mein Bewusstsein dafür gewachsen, dass es noch etwas anderes gibt, dass neben dem materiellen, beruflichen Funktionieren eine wichtigere Ebene existiert: die Auseinandersetzung mit sich selbst und den Menschen um sich herum.

Wie äußert sich dieses Bewusstsein in Ihrem Leben?
Zum Beispiel darin, dass ich mehr Zeit mit meiner Familie und meinen Freunden verbringe. Dass mir das wichtig ist, wusste ich schon vorher, aber ich setze dieses Wissen jetzt mit einer anderen Entschiedenheit um. Ich kann mir kaum vorstellen, dass es der Kern unseres Lebenssinns ist, am Ende möglichst reich oder in gehobener Position abzutreten, sondern es geht darum, eine Erfüllung in zwischenmenschlichen Beziehungen zu finden. Deshalb steht in meiner Prioritätenliste das Zusammensein mit anderen klar über beruflichem Erfolg. Nach sechs Jahren habe ich nun aufgehört, am Theater zu arbeiten. Zum einen, weil ich nach dem Abenteuer Bühne sehen wollte, was die Welt sonst noch Spannendes zu bieten hat. Zum anderen, weil ich zeitlich ungebundener sein und dann etwas unternehmen möchte, wenn ich es will und nicht, wenn die Proben es zulassen. Vor kurzem bin ich Vater geworden, das verändert den Blick ebenfalls. Ich würde nicht sagen, dass diese Projektreihe einen Umschwung in meinem Leben bewirkt hat. Die Entscheidung etwa, das Theater zu verlassen, hatte ich schon vorher getroffen. Es war aber eine Erfahrung, die mich in vielerlei Hinsicht sensibilisiert hat.

Dafür, dass die Zeit mit der Familie und den Freunden und alles, was einem sonst noch wichtig ist, jeden Moment vorbei sein kann.
Ich finde das Modell von Martin Heidegger sehr treffend. Demnach gibt es zwei Wahrheiten über den Tod. Die eine ist: Jeder stirbt irgendwann. Die andere lautet: Es kann in jedem Moment passieren. Das sind Wahrheiten, die uns Angst machen und die wir deshalb typischerweise verdrängen. In diesem Verdrängungsprozess sieht Heidegger eine »Selbstverdinglichung« des Menschen. Indem man die beiden zentralen Wahrheiten des Lebens ausklammert, macht man sich zu einem Ding, das funktioniert. Der Gegenentwurf ist, in einem ständigen Bewusstsein dieser Wahrheiten zu leben. Das führt zu etwas, was Heidegger als »Eigentlichkeit« bezeichnet und was wir

heute wahrscheinlich Authentizität nennen würden – ein Leben im Augenblick.

Klingt auch wieder nah am Kalenderspruch...
Ja, aber bei diesen jungen Leuten habe ich es erlebt. Bei ihnen hatte ich das Gefühl, dass sie viel stärker in einer Eigentlichkeit leben, im Jetzt, in einem Bewusstsein davon, dass das Leben endlich ist. Es ist etwas anderes, ob man philosophische Theorien liest oder das Beschriebene in der Realität wiederfindet. Es wirkte sehr wahr und echt, was die Jugendlichen uns erzählt, wie sie uns angesehen haben. Im Normalfall nimmt man das Leben als etwas Gegebenes und guckt von da aus, was noch kommen soll. Ich habe nun gelernt, dass das Leben schon deshalb etwas Schönes ist, weil es auch *nicht* sein könnte. Keiner der Jugendlichen hat gesagt: »Ich wäre lieber nicht hier.« Nicht einmal diejenigen, die unheilbar krank waren und wahrscheinlich auf elende Weise sterben werden. Das sind Schicksale, bei denen man eigentlich zu Mitleid neigt, was aber völlig fehl am Platze gewesen wäre.

Weil man am Ende – so absonderlich es klingt – fast ein bisschen neidisch auf diese Lebensfreude blickt?
Neid ist das falsche Wort. Ich wäre nicht bereit, den Preis zu zahlen, den diese Jugendlichen gezahlt haben. Während der Arbeit an dem Projekt war ich oft wütend und traurig darüber, dass so tolle Menschen etwas so Schweres durchmachen müssen. Auf der anderen Seite war es schön zu erleben, dass jemand, obwohl er das durchmachen muss, ein so toller Mensch ist. Dass er als Persönlichkeit mit seinem eigenen Weg gesehen werden will – und nicht als Leidender. Diese Erfahrung war für mich wichtig mit Blick auf die Frage: Was ist der Wert von Leben? Früher habe ich mit Freunden manchmal darüber diskutiert, ob man in diese vermeintlich so schlechte Welt überhaupt ein Kind setzen sollte. Ein Freund hat damals den klugen Satz gesagt:

»Durch Nicht-Existieren ist auch niemandem geholfen.« Leben an und für sich, hier zu sein, anderen Menschen zu begegnen – das als Qualität zu begreifen, habe ich ein Stück weit von diesen jungen Leuten gelernt, und ich glaube, es wirkt sich darauf aus, wie ich heute anderen Menschen gegenüber trete.

Man kann Lebensfreude Ihrer Ansicht nach also lernen, ohne dass es dafür Schicksalsschläge braucht?
Viele der Jugendlichen haben gesagt, dass die Krankheit auch positive Seiten hatte. Sie haben etwas erfahren über ihr Verhältnis zu anderen und haben gemerkt, wie viele Menschen zu ihnen stehen. Jeder dieser Jugendlichen wäre aber lieber nicht krank gewesen. Das sucht sich niemand aus, das ist kein Weg, den man willentlich geht. Insofern ist es müßig darüber nachzudenken, ob man durch eine Krankheit lebensbewusster würde – ich bin froh, gesund zu sein! Was aber durchaus zu einem erhöhten Lebensbewusstsein führt, ist schlichtweg die Auseinandersetzung mit dem Tod. Darin haben mich die Betroffenen genau so bestärkt wie andere Menschen, denen wir im Zuge des Projekts begegnet sind, zum Beispiel die Mitarbeiter im Hospiz. Dadurch, dass sie in ständiger Todesnähe arbeiten, entsteht ein Bewusstsein für das Leben. Im Hospiz herrscht ein völlig anderer, deutlich verständnisvollerer Umgang als auf einem typischen Büroflur. Nun will ich nicht sagen, dass jedes Büro funktionieren sollte wie ein Hospiz, aber vielleicht können wir uns von dieser Sensibilität füreinander alle etwas abgucken.

Sie haben diese Arbeit als bereichernd empfunden. Trotzdem nimmt sie einen auch mit. Haben Sie lange überlegt, ob Sie sich das antun?
Es ist im Vorfeld schwierig einzuschätzen, was diese Erlebnisse mit einem machen. Nachdem wir uns einmal für das Projekt entschieden hatten, mussten wir es natürlich durchziehen. Ich habe also nicht lange darüber nachgedacht, ob ich das will oder nicht, aber ich habe

während des Projekts oft überlegt: Wie finde ich das? Natürlich hatte ich Angst, dass die dauerhafte Beschäftigung mit dem Thema und vor allem die Treffen mit den Jugendlichen mich furchtbar runterziehen würden. Solche Momente entstanden zwischenzeitlich durchaus, zumal es Phasen gab, in denen der Aspekt Tod und Elend in unserer Arbeit präsenter war als der der Lebensfreude. Es kam vor, dass ich dachte: Hoffentlich ist das bald vorbei.

Haben Sie anders geträumt?
Nein, eigentlich nicht – und wenn, dann habe ich keine Erinnerung. Was mir immer wieder geholfen hat, waren die Begegnungen mit den jungen Leuten und zu erleben, welchen Spaß sie an unserem Projekt hatten. Einige von ihnen haben auf der Bühne mitgespielt, waren bei den Proben dabei. Ihre Freude hat mich aus solchen Unsicherheiten, solchen kleinen Krisen jedes Mal herausgezogen.

Sie haben gelernt, das Leben stärker wertzuschätzen. Fühlen Sie sich deshalb auch besser vorbereitet auf den Tod?
Höchstens zu 0,2 Prozent. Und wie ich reagieren würde, wenn zum Beispiel meiner Tochter etwas passiert, daran mag ich gar nicht denken. Ich kann mir nicht vorstellen, dass ich mit einer solchen Situation besser zurecht käme als andere, nur weil ich mich vielleicht etwas intensiver mit dem Tod beschäftigt habe. Nikolaus Schneider, der Ratsvorsitzende der Evangelischen Kirche in Deutschland, der seine Tochter Meike verloren hat, sagt: Die Auseinandersetzung mit dem Tod, auch die kulturelle und künstlerische, kann dabei helfen, eine eigene Sprache für das Thema zu entwickeln. Daran ist etwas Wahres. Es mag stimmen, dass ich jetzt eine andere Sprache habe, eine andere Form des Umgangs. Man kann Erfahrungen sammeln, die hilfreich sind, aber wenn es einen trifft, ist das eine andere Baustelle. Diese Reihe hat mir auch deutlich gemacht, wie wichtig Trauer ist. So lange und so ungehemmt trauern zu dürfen, wie man will.

Manchmal stößt man damit auf Unverständnis.

Viele Angehörige haben uns erzählt, dass es für sie entscheidend ist, eine Erinnerung an den Verstorbenen wach zu halten und das auch zu dürfen. Sie wollen nicht nach einem Jahr hören: »Jetzt ist aber mal gut.« Wir haben mit Fritz Roth gesprochen, dem Trauerbegleiter und Autor, der vor kurzem selbst verstorben ist. Trauer ist eine andere Art von Liebe, das war seine Botschaft. Wie bei der Liebe hat man bei der Trauer keinen Grund, sie sich nehmen zu lassen. Dieses Bewusstsein kann vielleicht minimal helfen, wenn ein geliebter Mensch stirbt, ich persönlich wäre aber sicher erstmal geliefert und der Griff zu einer Flasche Whisky eher meine Reaktion als weise Gedanken. Sterben ist der heftigste Einschnitt, der im Leben passieren kann. Jemand ist einfach nicht mehr da. Wobei die Unbegreiflichkeit des Sterbens für die Angehörigen vermutlich noch schwerer wiegt als für den Sterbenden selbst. Vor meinem eigenen Tod habe ich weniger Angst als vor dem Tod mir naher Menschen. Und wenn ich vor meinem eigenen Tod Angst habe, dann vor allem weil ich weiß, was er für andere bedeutet.

Wie einfach oder schwierig war es, die Menschen ins Theater zu holen?

Zunächst gab es viel Vorsicht und Skepsis. Manche haben gesagt: »Das will ich mir nicht antun, gerade wenn es um junge Menschen geht.« Letztlich war das Interesse erstaunlich groß, alle Aufführungen, Vorträge und Diskussionen waren gut besucht. Es hat sich sogar ein kleines Stammpublikum gebildet. Wir haben in dieser Reihe unterschiedliche Aspekte beleuchtet: die philosophische Beschäftigung mit Sterben und Tod, die palliativmedizinische Sicht, Todesbilder in den Weltreligionen und einiges mehr. Kern des Projekts war das Stück »Elefant im Raum«, das wir gemeinsam mit Regisseurin Barbara Wachendorff erarbeitet haben. Der Titel lehnt sich an eine angelsächsische Redewendung an: »There is an elephant in the room.« Gemeint ist, dass etwas Riesengroßes im Raum steht und man es eigentlich gar nicht ignorieren kann, dass aber trotzdem alle daran vorbeireden.

So wie es manchmal ist, wenn alle wissen, dass jemand stirbt.
Einer der betroffenen Jugendlichen hatte das Bild ins Spiel gebracht und wir fanden es als Titel sehr passend. Ohnehin waren die Texte, die uns die jungen Menschen geschenkt haben und die wir kombiniert haben mit Texten von Franz Kafka, das Besondere an diesem Stück. Als Theatermacher haben wir uns bewusst zurückgenommen. Es ging nicht um den großen dramatischen Wurf, sondern um eine Plattform, auf der die Texte der Jugendlichen stattfinden können. Sie wirkten unglaublich lebensgeprägt und erfahrungsgesättigt, obwohl die Urheber so jung waren. Ich glaube, das ist beim Publikum angekommen. Zuschauer haben uns berichtet, dass sie sehr bewegt nach Hause gegangen sind – traurig und doch heiterer, als sie erwartet hatten. Die Resonanz war wirklich schön. Wir hatten das Gefühl, dass es ein Bedürfnis gibt, sich mit dem Thema auseinandersetzen zu dürfen.

Die gute Resonanz des Publikums ist einerseits wenig überraschend, schließlich ist der Tod ureigenstes Element des Theaters. Andererseits suchen viele im Theater Zerstreuung, hoffen für einen Abend auf Entführung in eine andere Welt. Sind da Erwartungen aufeinander geprallt?
Das Schlosstheater ist kein Theater zur Erbauung, sondern war schon immer ein konzeptionell geprägtes, kritisches, manchmal experimentelles Theater. Auch die meisten anderen Bühnen begreifen es heute als ihre Aufgabe, aktuelles und gesellschaftspolitisches Theater zu machen. Unser Projekt funktionierte deshalb so gut, weil man das Gesehene und Gehörte immer in Bezug zum eigenen Leben setzen konnte. Insofern war der Zuschauer durchaus gefordert, und die meisten haben diese Herausforderung angenommen. Theater sollte ein Diskurs-Ort sein, ein Ort, an dem man eigene Perspektiven und

Blickwinkel in Frage gestellt sieht. Diese Funktion hat unser Stück erfüllt – vielleicht viel mehr, als uns das mit irgendeiner Klassikerbearbeitung hätte gelingen können.

Nach den Erfahrungen aus dem Projekt haben Sie sich vorgenommen, wichtige Fragen zu Leben und Tod auch im persönlichen Umfeld öfter aufzuwerfen und insbesondere das Gespräch mit Ihren Eltern zu suchen. Hat dieses Gespräch inzwischen stattgefunden?
Nein, ich habe noch nicht weiter mit ihnen darüber gesprochen. Man besucht schließlich nicht seine Eltern und sagt: »Heute reden wir mal über euren Tod.« Solche Dinge befinden sich in einem Prozess, dafür braucht es den richtigen Moment, und im Augenblick erfreut die Familie sich erst einmal an dem neuen Leben, das unsere Tochter bringt. Ich werde dieses Gespräch mit meinen Eltern aber sicherlich noch führen. Die Beschäftigung mit dem Thema geht für mich ohnehin weiter. Ich lasse den Gedanken eher zu, dass das Leben irgendwann endet. Diesen Gedanken finde ich nicht schön, aber mir ist klar, dass der Weg der Auseinandersetzung der bessere ist. Man muss den Elefanten beim Rüssel packen.

Der erste Liegestuhl ist schon besetzt, die Sonnenschirme sind aufgespannt –
und führt da hinten nicht sogar ein Weg zum Meer? Man könnte meinen, das
Siegerbild im Kindermalwettbewerb eines Reiseveranstalters vor sich zu haben.
Was aber hat es mit den weißen Kitteln auf sich, und vor allem: Wieso steht da
»Schwesternzimmer«?

Weil das Bild kein Hotel und keine Ferienanlage zeigt, sondern das Zentrum
für Palliativmedizin der Kliniken Essen-Mitte. Nadine, damals neun Jahre alt,
hat es gemalt, während ihr Großvater auf der Station betreut wurde. Als er zum
Sterben nach Hause ging, nahm Nadine das halbfertige Bild mit und malte zu
Ende, was sie gesehen hatte: Raum zum Verweilen und Menschen mit offenen
Armen, außerdem die blauen Schirme, die im Sommer immer vor der Terrasse
der Station aufgebaut werden, und ringsherum die leuchtend gelben Gebäude des
Krankenhauses. Kurze Zeit später brachte sie das Bild vorbei und schenkte es der
Station. Dort war man selig: »Das Mädchen hat verstanden, worum es uns geht.«

»Die Not wenden«

Was auffällt, ist die Überschaubarkeit: wenige Zimmer, wohnliche Atmosphäre. Bei der Dienstbesprechung im Zentrum für Palliativmedizin der Kliniken Essen-Mitte reden Ärzte und Pfleger nicht nur über die einzelnen Patienten, sondern auch ausführlich über deren Familien. Vieles scheint anders auf dieser Station. Die Leitende Oberärztin Marianne Kloke erklärt, warum – und weshalb sie sich wünscht, dass im deutschen Krankenhausalltag Normalität wird, was sie und ihre Kollegen hier praktizieren.

Sie nennen die Palliativstation schlicht und einfach »die Palli«. Was genau passiert hier, was ist Palliativmedizin?
Ich denke, es ist in erster Linie eine Haltung. Eine Haltung, die den Menschen als Ganzes sieht, und zwar deshalb, weil er durch eine Erkrankung in seiner Existenz bedroht ist. Wenn man den Menschen als Ganzes in einer existenziellen Bedrohung erlebt, gibt es verschiedene Notwendigkeiten. Damit meine ich Notwendigkeiten im wahrsten Sinne des Wortes: etwas, was »die Not wendet«, was getan werden muss, um diesem Menschen zu helfen.

Dr. Marianne Kloke hat das Zentrum für Palliativmedizin der Kliniken Essen-Mitte mit aufgebaut, seit 2003 ist sie dort Leitende Oberärztin. In Vorträgen und Artikeln setzt sie sich außerdem für eine Stärkung der Palliativmedizin ein.

Welche Notwendigkeiten sind es, die Menschen am Ende des Lebens haben? Was bereitet Sterbenden am meisten Probleme?

Es ist das, was den Menschen schmerzt. Das ist allerdings etwas anderes als das, was man gemeinhin darunter versteht. Natürlich kümmern wir uns zum einen um ganz banale Dinge wie Schmerzlinderung, die Verbesserung körperlicher Symptome, Hilfe bei Übelkeit, Erbrechen, Luftnot. Außerdem geben wir Alltagskompetenz zurück, durch Hilfsmittel wie den Rollator, den Toilettenstuhl, geeignete Bestecke und Becher. Große Notwendigkeiten sind aber auch Respekt, Sicherheit, Zuverlässigkeit und Schutz vor Einsamkeit.

Das ist schwieriger zu bewerkstelligen. Wie gehen Sie das an?

Indem wir dem Menschen helfen zu erkennen, wo seine Bedürfnisse sind und was in diesem Moment wirklich wichtig für ihn ist. Die Kräfte schwinden, also muss man genau gucken, wofür der Betroffene diese letzten Kräfte einsetzen will. Welcher Mensch soll noch mal kommen? Was ist an Lebensbilanz zu machen? Was ist für den Patienten vielleicht spirituell zu regeln? Es geht darum, den Menschen zu befähigen. Manchmal tut man das schon, indem man ihm hilft, die passenden Fragen zu stellen. Dazu gehört auch Organisatorisches: Wie komme ich an einen ehrenamtlichen Begleiter, wie an einen passenden Pflegedienst? Welcher Arzt schaut nach mir? Kann ich dauerhaft zu Hause bleiben, oder müssen andere Lösungen gefunden werden? Zu diesen Fragen zu kommen und die Antworten darauf zu finden, das ist das Entscheidende. Alles andere – die Linderung von körperlichem Schmerz oder von Luftnot – sind Bedingungen. Notwendige, aber nicht hinreichende Bedingungen.

Etwas, das Sie als Ärzte und Pfleger erledigen müssen, um den Rücken frei zu haben für die eigentliche Arbeit.

Ja, denn mit jemandem, der vor lauter Schmerz kaum Luft holen kann, lässt sich kein vernünftiges Gespräch führen. Man kann ihm viel erzählen, aber er braucht in dieser Situation etwas anderes. Je besser wir auf der Klaviatur der medizinischen Hilfe spielen, desto einfacher kommen wir zum Kern. Manchmal handelt es sich bei den körperlichen Symptomen übrigens auch nicht um solche, die ausschließlich mit der Erkrankung zusammenhängen. Vielfach sind sie psychisch verstärkt. Es gilt also zu erkennen, wenn sich jemand im wahrsten Sinne des Wortes zu viel aufs Kreuz geladen hat, wenn er Bauchgrummeln hat, wenn ihm vor Schreck die Luft wegbleibt oder er Gift und Galle spuckt. Kommunikation ist eine der zentralen Befähigungen, die wir dafür brauchen – wobei Kommunikation mit Beobachten und Zuhören beginnt. Kommunikation ist schwer.

Klingt, als wären psychologische Kenntnisse fast mehr gefordert als medizinische.
Es ist jedenfalls ein umfassendes Aufgabengebiet, und das macht schon klar: Palliativmedizin ist keine Ein-Mann-Show, das können nur viele Menschen, viele verschiedene Professionen miteinander schaffen. Klar ist auch, dass der Patient in seinem sozialen Umfeld wahrgenommen werden muss, wir kümmern uns ebenso um die Familie wie um den Betroffenen selbst.

Sie können zwar »die Not zu wenden«, das Schicksal aber nicht. Patienten, die palliativmedizinisch betreut werden, sind – um das böse Wort zu benutzen – austherapiert, oder?
Nein, unsere Patienten sind unheilbar krank, aber nicht austherapiert. Das war früher einmal. Heute wissen wir, dass Palliativmedizin möglichst früh in den Verlauf einer Erkrankung integriert werden muss. Bei Krebs zum Beispiel schließen sich Chemotherapie und Palliativmedizin überhaupt nicht aus, das kann sich sehr gut ergänzen. Viele Studien belegen: Je eher Palliativmedizin in die Therapie aufgenommen wird, desto weniger Depressionen hat der Mensch, desto weniger Traurigkeit verspürt er, desto besser sind seine Symptome kontrolliert.

Was an diesen Studien sicherlich das Überraschendste war: Für die meisten Patienten bedeutet Palliativmedizin auch eine echte Lebenszeitverlängerung.

»Nicht dem Leben mehr Zeit geben, sondern der Zeit mehr Leben« – dieses oft zitierte Schlagwort der Palliativmedizin trifft also gar nicht unbedingt zu? Palliativmedizin verschafft nicht nur mehr Lebensqualität, sondern tatsächlich mehr Zeit?
Wenn Stress wegfällt und Menschen sich wohlfühlen, leben sie länger. Ein unerträgliches Leben ist immer kurz. Schmerzen bedeuten Maximalstress, damit kann man nicht leben.

Was ist der Unterschied zwischen einer Palliativstation und einem Hospiz? In der allgemeinen Wahrnehmung sind beides schlichtweg Orte, an denen gestorben wird.
Hinter beiden stehen das gleiche Menschenbild und der gleiche Wertekatalog, sie haben nur unterschiedliche Aufträge. Eine Palliativstation ist immer Teil eines Krankenhauses, sie hat also einen Behandlungsauftrag. Die Menschen kommen und gehen, viele unserer Patienten sind immer mal wieder für ein paar Tage hier und können zwischenzeitlich nach Hause. Nicht wenige sterben auch dort. Ein stationäres Hospiz dagegen ist eine Pflegeeinrichtung mit spezialisierten Möglichkeiten. Dort werden Menschen aufgenommen, die auch unter Ausnutzung aller ambulanten Maßnahmen nicht zu Hause leben und sterben können. Das typische Beispiel ist das des älteren Patienten, der regelmäßig in einen Zustand der Verwirrtheit gerät und zu Hause allein mit seiner über 80-jährigen Ehefrau wohnt, die mit dieser Situation überfordert ist. Ebenso gibt es Menschen, die überhaupt niemanden mehr um sich haben und deren Erkrankung so schwer ist, dass man sagen muss: Es funktioniert nicht, dieser Patient ist im Hospiz besser aufgehoben.

**Die Hospizbewegung ist in Deutschland vergleichsweise spät aufge-
kommen. War das bei der Palliativmedizin ähnlich?**

Deutschland stellt in mancher Hinsicht eine Besonderheit dar. Die
Trennung zwischen Palliativstation und Hospiz gibt es in anderen
Ländern gar nicht. Dass wir in Deutschland diese Unterscheidung
haben, hat geschichtliche Gründe. Die Hospizbewegung war hier im
Vergleich zur Palliativmedizin sogar noch sehr früh unterwegs.

Ende der 1980er Jahre. So lange ist das nicht her.

Man muss sehen, welche Widerstände zu überwinden waren. Noch
vor gut hundert Jahren galt für den Arzt laut Standesrecht, er möge
»sich von Sterbenden fernhalten, damit er nicht zu traurig werde und
weiter seinen Beruf ausüben könne«. Das muss man sich mal vorstellen, da war ganz viel Entwicklungs- und Überzeugungsarbeit nötig.
Mittlerweile ist Deutschland weit fortgeschritten, was Palliativmedizin angeht. Gerade Nordrhein-Westfalen hat eine hervorragende
Palliativ- und Hospiz-Landschaft – obwohl wir unter einem Mangel
an Pflegenden und Ärzten leiden, das gilt für diesen Bereich ebenso
wie für die Medizin insgesamt.

**Es ist immer wieder die Rede von der zunehmenden Ökonomisie-
rung der Medizin, vom hohen wirtschaftlichen Druck auf die Kran-
kenhäuser. Besteht nicht die Gefahr, dass dabei ein Zweig wie die
Palliativmedizin, der sich nicht originär der Heilung widmet, zuerst
hintenüber fällt?**

Die Palliativmedizin wird nie hintenüber fallen, weil die Menschen,
die in diesem Bereich arbeiten, allesamt Überzeugungstäter sind und
auch schwierige Rahmenbedingungen meistern. Als ich in diesem
Bereich anfing, war es aber sicherlich noch so, dass nur gesunde Kran-
kenhäuser sich eine Palliativstation leisten konnten. Inzwischen gibt
es eine politische Bewegung, die sagt: »Es geht auch anders.« Man
kann eine Palliativstation heute genauso gut oder genau so schlecht

wirtschaftlich führen wie jede andere Station eines Krankenhauses auch. Und ein Hospiz kann man genau so auskömmlich gestalten wie ein Altenheim. Was dagegen nach wie vor kaum gegenfinanziert ist, ist die ambulante Palliativversorgung.

Die funktioniert – wenn überhaupt – nur mit Hilfe von Fördervereinen.
Was auch am Gesetzgeber liegt. Aus den Krankenhäusern gibt es dagegen viel Rückenwind.

Eine Palliativstation ist natürlich auch imagefördernd.
Sie kann einer der besten PR-Träger sein, ja.

Trotzdem ist ihre Arbeit wenig bekannt. »Wir hatten großes Glück, an die Palliativstation zu geraten.« Das sagen im Nachhinein fast alle, die dort einen Angehörigen verabschiedet haben. Eine Glückssache scheint es aber tatsächlich nach wie vor zu sein, ob man auf eine Palliativstation kommt.
Leider ja. Meistens ist es so, dass unsere Patienten oder die Angehörigen jemanden kennen, der hier gute Erfahrungen gemacht hat. Dass eine palliativmedizinische Behandlung weiterhin Glückssache ist, liegt also zum einen an mangelndem Wissen über die Angebote, aber auch daran, dass die Medizin ein Riesengeschäft geworden ist. Eine Palliativstation ist Teil eines Krankenhauses und steht damit in Konkurrenz zu anderen Kliniken. Deshalb erfolgen kaum Verlegungen. Zugleich haben wir eine drei Seiten lange Warteliste. Das alles muss besser organisiert werden. Man könnte viel mehr ambulant und tagesklinisch machen, diese Optionen werden derzeit aber noch in keinster Weise ausgeschöpft, weil sie sehr personalintensiv sind.

Abseits von wirtschaftlichen und gesetzlichen Zwängen: Ist ein weiteres Problem bei der Förderung von Palliativmedizin das Selbstver-

ständnis der Ärzte? Man kann sich vorstellen, dass ein Mediziner es ein Stück weit als Kapitulation empfindet, wenn er einen Patienten an die Palliativstation abgibt.

Ich glaube, jeder Arzt ist da anders. Die Einstellungen gegenüber der Palliativmedizin sind so unterschiedlich wie gegenüber keinem anderen Fachgebiet. Jeder hat eine andere Philosophie. Unsere größere Sorge sind die Vorbehalte von Patienten und deren Angehörigen. Ihnen gilt die Verlegung auf die Palliativstation häufig als »Aschenkreuz«.

Was ja verständlich ist. Sie wissen zwar, dass die Krankheit unheilbar ist, aber in diesem Moment wird ihnen das wahrscheinlich noch einmal mit aller Wucht deutlich.

Ja, aber es fehlt auch an Information. Die Angehörigen und Patienten haben große Hürden im Kopf. Da sind noch extrem viele Vorurteile, und auch hier ist dafür nicht zuletzt die Gesetzgebung verantwortlich. Ein Beispiel: Im stationären Hospiz beträgt die höchste Aufenthaltsdauer sechs Monate. Die spezialisierte ambulante Palliativversorgung dürfen wir formal sogar nur drei Monate anbieten. Das ist widersinnig, und im Einzelfall muss man darüber streiten. Die Patienten und Angehörigen informieren sich natürlich und wer im Internet auf diese Höchstdauern stößt, sagt sich: »Dann habe ich also nur noch ein Vierteljahr.« Ein Vierteljahr ist nicht viel.

Nochmal zurück zu den Ärzten: Wie kommt man zur Palliativmedizin? Die meisten Ärzte haben ihren Beruf wahrscheinlich ergriffen, weil sie heilen wollten, und nicht, um Menschen beim Sterben zu begleiten. Wie war das bei Ihnen?

Meine Geschichte ist vielleicht typisch für diejenigen, die schon lange in diesem Bereich sind. Ich wurde mit meiner Ausbildung fertig zu einem Zeitpunkt, als es eine Arztschwemme gab. Dazu war ich Mutter von vier Kindern. Glücklicherweise habe ich eine halbe Stelle in der

Forschung bekommen, ich bin eigentlich theoretische Immunologin. Im Rahmen dieser Arbeit habe ich Phase 1-Studien betreut, Untersuchungen also, in denen neue Medikamente zum ersten Mal am Menschen erprobt werden. In meiner Arbeit ging es um zwei Tumorarten, gegen die damals absolut kein Kraut gewachsen war: der schwarze Hautkrebs und der Nierenkrebs. Den Menschen, mit denen ich zu tun hatte, ging es unheimlich schlecht. Möglicherweise wurde damals das Bedürfnis geboren, Leiden zu lindern. Jedenfalls kam eines Tages der Chef und sagte: »Ich brauche jemanden, der sich um Schmerz kümmert.« Ich weiß gar nicht mehr, warum ich mich gemeldet habe – vielleicht einfach, um eine weitere berufliche Perspektive zu erhalten. So kam ich zur Palliativmedizin, obwohl man das Wort damals, Ende der 1980er Jahre, noch gar nicht kannte. Es ging zunächst um Schmerztherapie, erst später wurde daraus die Palliativmedizin.

Also mehr Zufall als Berufung?
So wie die meisten meiner Kollegen habe ich erst im Laufe der Zeit entdeckt: Das ist mein Ding, mein Schwimmwasser. Auf eine Palliativstation verirrt sich nur derjenige Arzt, Pfleger oder Betreuer, der sich in diesem Bereich wirklich wohlfühlt. Wenn man einen Süßwasserfisch ins Salzwasserbecken setzt, oder umgekehrt, dann passt das nicht – obwohl beides Fische sind. Dieses Bassin Hospizarbeit und Palliativmedizin ist eines, in dem nur ganz bestimmte Fische schwimmen. Zuletzt hatten wir einen personellen Engpass bei den Pflegern und bekamen übergangsweise Ersatz aus der Onkologie. Das hat gut funktioniert und die Kollegen fanden die Zeit auf der Palliativstation spannend und schön. Sie haben hinterher aber auch gesagt: »Es ist nicht meins.«

Wie viele Menschen begleiten Sie?
Ich sage immer, wir verabschieden hier jedes Jahr eine kleine Schule. Das ist viel, da muss man wissen: Passt das für mich, oder passt das nicht?

Wie viele Ihrer Patienten sterben hier auf der Station und wie viele in den eigenen vier Wänden?
Wir haben eine gute Quote derjenigen, die zu Hause sterben. Rund 70 Prozent der Patienten entlassen wir.

Das klassische Bild des Menschen, der im heimischen Lehnstuhl ruhig einschläft – Sie arbeiten daran, das wieder herzustellen?
Ja. Wir haben drei Zielrichtungen. Zum einen versuchen wir mit allen Mitteln, in Regelstationen Palliativmedizin zu implementieren. Das ist eine echte Herzensangelegenheit. Zweitens widmen wir uns den Einrichtungen der Altenpflege. Dort sind Palliativpatienten absolut unterversorgt. Drittens wollen wir die ambulante Palliativversorgung verbessern. Alle drei Vorhaben sind immens wichtig, aber letztlich nicht gewollt – weil sie Geld kosten und viel Personal brauchen, aber auch, weil sie Leiden öffentlich machen und nicht an den Rand drängen. Keine Einrichtung der Altenpflege möchte das Etikett: »Bei uns sterben Sie schön.« Stattdessen werben die Heime mit: »Hier werden Ihre Wünsche erfüllt, hier können Sie selbstbestimmt leben.« De facto sterben 50 Prozent der Bewohner von Altenpflegeeinrichtungen im ersten Jahr nach dem Einzug. Auch im privaten Zusammenhang wird Tod ungern zugelassen. Ein Sterbender in der Nachbarschaft, auf dem gleichen Flur – das will kein Mensch.

Nun ist es für Angehörige allerdings auch eine große Herausforderung, jemanden zu Hause beim Sterben zu begleiten, sowohl rein organisatorisch als auch emotional.
Wenn Angehörige gut unterstützt und beraten werden, halten sie das aus. Ich habe schon oft erlebt, dass Partner im Ehebett verstorben sind, in den Armen des Geliebten, und die Kinder lagen daneben.

Es ist beeindruckend zu sehen, wie gut die Mitarbeiter der Palliativstation nicht nur jeden einzelnen Patienten, sondern sein gan-

zes soziales Umfeld kennen, wie stark sie auf die Sorgen, Zweifel, Bedürfnisse der Familie eingehen. Ist das Sterben für die Angehörigen manchmal schwieriger als für den Betroffenen?
Es gibt Studien, wonach die psychosoziale Belastung für die Angehörigen tatsächlich um ein Vielfaches höher ist als für den Patienten. Das zeigt, wie wichtig unser ganzheitlicher Ansatz ist. Übrigens geht sowohl bei den Patienten selbst als auch bei den Angehörigen die Frage nach aktiver Sterbehilfe zurück, wenn es eine palliative Betreuung gibt. Vor diesem Hintergrund wird klar, dass Ethik auf der Palliativstation ein großes Thema ist. In der Ethikkommission unseres Krankenhauses sind nicht zufällig drei der 19 Mitglieder Mitarbeiter der Palliativstation.

Sich umbringen wollen aus Angst vor dem Sterben – erleben Sie das oft?
Selbsttötungswünsche sind Realität, auch auf einer Palliativstation. Manchmal geraten Menschen in einen Tunnel, sehen überhaupt keinen Ausweg mehr, und formulieren entsprechende Bitten. Die meisten wissen heute allerdings, dass ein Arzt das nicht tun darf. Oft äußern sie den Wunsch deshalb indirekt, indem sie zum Beispiel sagen: »So einen Hund erschießt man.« Ich habe auch schon erlebt, dass Menschen hereinkamen und erzählten, sie hätten ihren Mitgliedsbeitrag bei einer Sterbehilfeorganisation im Ausland bereits bezahlt, stünden aber noch auf der Warteliste. Ob wir sie betreuen könnten, bis es soweit sei? Bislang ist danach keiner wirklich hingefahren.

Es gibt sicher auch Menschen, die sich schlicht dagegen entscheiden, dass ihr Leben noch länger dauert.
Ja, indem sie etwa Essen und Flüssigkeit verweigern. Das kann einem das Herz zerreißen und ist für uns Ärzte immer eine Gratwanderung. Wie autonom hat dieser Mensch entschieden? Es gibt keine massivere Angst als Todesangst. Darf man jemanden, der todgeweiht ist,

daran hindern zu sterben? Die Frage nach der Beendigung des Lebens kommt übrigens von Angehörigen häufiger als von Patienten selber. Das ist nicht verwunderlich, denn die Angehörigen haben wie gesagt einen höheren Druck.

Wie reagiert man auf eine solche Bitte?
Indem man zum Beispiel sagt: »Da muss Ihre Not aber sehr groß sein. Erzählen Sie mir mal, was los ist.« Das ist klassische palliativmedizinische Kommunikation. Ich antworte nicht: »Das darf ich nicht.« Stattdessen reagiere ich auf einer anderen Ebene. Ich nehme die Ebene wahr, die den Patienten oder den Angehörigen diese Frage hat stellen, diesen Hilferuf hat absetzen lassen, und signalisiere zunächst: Ich verstehe dich.

Schon wieder ist eher der Psychologe als der Mediziner gefragt.
Wenn man das nicht kann, hat man verloren. Wissen, Fähigkeit, Können, Haltung – das sind die vier Grundprinzipien von Palliativmedizin. Man braucht ein enormes Wissen, vor allem in Sachen Onkologie. Man braucht auch Können – man muss punktieren und Wunden verbinden können, das Handwerk beherrschen eben. Hinzu kommen bestimmte Fähigkeiten: die Fähigkeit zur Kommunikation, zur Diagnose, zur Einordnung in Wichtiges und Unwichtiges. Darunter aber liegt immer die Haltung.

Der Patient, von dem dieses Bild stammt, hat umfassend gelitten, körperlich
und seelisch. Als er das Bild verschenkt, sagt er: »Der Berg auf der anderen Seite
ist grün.«

»Wir haben
kein Wort dafür«

Zwischen einem Todkranken und seinem Sterbegleiter entsteht meist ein ganz besonderes Band, sagt Günter Korb. Schwer zu beschreiben sei diese Beziehung – es ist keine Freundschaft, aber etwas Ähnliches und in jedem Fall: Wertvolles. Korb koordiniert an den Kliniken Essen-Mitte die ambulante Hospizgruppe »Pallium«. Mitglieder sind Ehrenamtliche, die Menschen in der letzten Lebensphase zur Seite stehen. Ohne sie wäre häufig nicht möglich, was viele Betroffene sich wünschen: zu Hause zu sterben.

Herr Korb, wie einsam ist Sterben heute?
Es kann sehr einsam sein. Gerade in einem Ballungsraum wie dem Ruhrgebiet haben sich die Familienstrukturen stark verändert. Das macht sich bemerkbar für jemanden, der am Ende seines Lebens steht. Die Kinder haben eigene Kinder, sind berufstätig, wohnen häufig weiter weg.

Günter Korb ist Psychologe und Koordinator des Ambulanten Begleitdienstes »Pallium«.

An dieser Stelle kommen die ehrenamtlichen Sterbebegleiter ins Spiel.

Ja, aber Einsamkeit ist längst nicht der einzige Grund, aus dem wir tätig werden. Es gibt auch andere Fälle, in denen Begleitung gefragt ist.

Zum Beispiel?

Oft haben wir es mit alten Menschen zu tun, die zwar noch mit ihrem Ehepartner zusammenleben und den Alltag ganz gut meistern. In der Sterbephase aber sind Angehörige schnell überfordert, gerade wenn sie selbst nicht mehr die Jüngsten oder krank sind. Dann ist es wichtig, sie zu unterstützen. Sterbebegleiter sind nicht nur da, um Sterbende zu begleiten, sondern auch, um den Angehörigen zu helfen. Wer 24 Stunden am Tag gefordert ist, weil er seinen Mann oder seine Frau pflegt, der gerät unter Dauerstress, ist immer in Hektik, hat kaum noch Zeit für eigene soziale Kontakte. Der Ehrenamtliche macht es möglich, dass er mal zum Sport gehen, einen Spaziergang machen, seine Freunde besuchen kann. Der Angehörige kommt wieder raus und tankt neue Energie. Es gibt ja auch nicht mehr viel miteinander zu reden, wenn man jede Minute mit dem Partner verbringt und sich alles um dessen Krankheit dreht. Die Wohnung kann in solchen Situationen zum Gefängnis werden, das Konfliktpotenzial steigt.

Die Ehrenamtlichen nehmen Druck aus dem Kessel.

Ja, und es gibt noch eine dritte Aufgabe, die sie erfüllen. Manchmal stimmen zwar die Familienstrukturen und es sind mehrere Angehörige da, die sich kümmern. Es kann aber sein, dass der Betroffene darüber hinaus jemanden braucht, um zu sortieren. Er will sein Leben Revue passieren lassen, ohne die Kinder und den Partner damit zu belasten. Viele Menschen verspüren am Ende des Lebens dieses Bedürfnis, Gedanken und Erinnerungen zu ordnen. Sie möchten Geschichten erzählen – solche, die die Familie schon nicht mehr hören kann, und solche, die sie noch nie jemandem erzählt haben und die sie loswerden müssen. Dann ist der Ehrenamtliche da, um zuzuhören. Zugleich steht er den Angehörigen für Gespräche zur Verfügung, die sie mit dem Sterbenden nicht zu führen wagen. Gespräche, die sich um die Frage drehen: Wie wird es sein, wenn mein Mann oder meine Frau tot ist? Einem Außenstehenden kann man sich mit solchen Gedanken eher anvertrauen als dem Partner selbst oder der Familie. Der Ehrenamtliche hat auch keine Angst davor, über das Thema Tod und Trauer zu sprechen. Von Freunden und Bekannten hören Angehörige oft: »Ach Mensch, das wird schon wieder.« Diese Reaktion ist eine der Schlimmsten, die einem begegnen kann.

Der Ehrenamtliche als Familienbegleiter – wird er in dieser Rolle denn überhaupt akzeptiert? Für manchen mag es eine seltsame Vorstellung sein, dass plötzlich ein Außenstehender teilhaben will an dieser sehr privaten und persönlichen Situation.
Sicher, es ist eine Kunstsituation, damit haben wir häufig zu kämpfen. Man muss sich vorstellen: Da kommt ein Wildfremder in die Familie …

… und will übers Sterben reden.
Es geht ums Leben, nicht ums Sterben. Zunächst einmal sind die Ehrenamtlichen Lebensbegleiter. Der Anfang ist schwierig, aber wenn man einen guten Einstieg hat, überspringt man in der Folge vieles, was man bei neuen Bekanntschaften normalerweise erlebt und durchläuft. Die Fremdheit schwindet in der Regel schnell, oft entsteht sogar eine große Nähe. Dieses Verhältnis ist schwer zu beschreiben, wir haben keinen Namen dafür. Es ist eine Art Freundschaft, und auch wieder nicht. An Freunde wendet man sich, wenn man Probleme hat. Das ist bei den Ehrenamtlichen anders, sie tragen ihre Sorgen nicht zu demjenigen, den sie betreuen. Dennoch fühlen sie sich ihm sehr verbunden, und diese Verbindung ist keine Einbahnstraße. Es

gibt keine gesellschaftliche Kategorie für die Beziehung zwischen dem Sterbenden und seinem Begleiter, sie hat eine neue Qualität.

Was muss jemand mitbringen, um ein guter Sterbebegleiter zu sein?
Die Ehrenamtlichen haben vor allem hohe soziale Kompetenz. Sie sind verlässlich und bringen viel Lebenserfahrung mit, zugleich sind sie offen und neugierig. Sie haben Selbstbewusstsein und können sich einlassen.

Wie bereiten Sie die Ehrenamtlichen auf ihre Aufgabe vor? Bekommen sie eine Art Ausbildung?
Wir nennen es ungern so. Wir möchten nicht ausbilden, sondern das, was die Ehrenamtlichen mitbringen, stützen und stärken. Selbstverständlich gibt es einen Vorbereitungskurs, und der ist durchaus intensiv. Kern ist ein Wochenende, das wir gemeinsam verbringen und an dem es um die eigene Erfahrung mit Sterben und Tod und um die Haltung dazu geht. Was wir an diesem Wochenende an Übungen zur Selbsterfahrung bewältigen, könnte ich keiner anderen Berufsgruppe anbieten, das würde kaum jemand mitmachen. Die Ehrenamtlichen sind wirklich ganz besonders mutige Menschen.

Kommt es vor, dass Sie Interessierte ablehnen? Wie stellen Sie fest, ob jemand tatsächlich verlässlich, offen und selbstbewusst genug ist?
Dafür ist der Vorbereitungskurs da. Schon vorher führen wir Einzelgespräche, um einen Eindruck zu bekommen. Können wir uns vorstellen, mit diesem Menschen zu arbeiten? Passt er in unsere Gruppe? Ist das wirklich das Richtige für ihn? Was ist seine Motivation? Ja, es kommt vor, dass wir Interessierte ablehnen. Zum Beispiel, weil sie nicht stabil genug sind oder selbst noch zu gefangen in der Trauer über einen Verlust. Daneben gibt es auch Sektierer, Leute mit Missionseifer, die können wir natürlich überhaupt nicht brauchen. Da gucken wir ganz genau hin.

Sie müssen wissen, ob Sie dem Menschen, der Ihnen da gegenüber sitzt, einen Sterbenden anvertrauen können. Das ist eine große Verantwortung.

Wir haben eine Verantwortung gegenüber den zu Betreuenden, ja. Aber wir haben auch eine Verantwortung den Ehrenamtlichen gegenüber. Wir müssen sicher sein, dass sie belastbar genug sind für diese Aufgabe. Deswegen setzen wir sie im Vorfeld ungewohnten Situationen aus.

Zum Beispiel?

Wir machen Übungen zu Nähe und Distanz. Wir loten gemeinsam aus: Was ist der richtige Abstand? Passt ihr auf euch auf? Könnt ihr Grenzen ziehen? Dabei kommt es vor, dass Ehrenamtliche einzelne Übungen ablehnen, und das ist völlig richtig so. Wir konfrontieren sie mit solchen unerwarteten Situationen, weil sie auch bei der Sterbebegleitung mit Situationen konfrontiert werden, die sie herausfordern. Damit müssen sie zurechtkommen.

Man kann den Eindruck bekommen, Sterbebegleitung sei eine fast übermenschliche Aufgabe.

Überhaupt nicht. Man kann sich Sterbebegleitung vorstellen wie eine Art gute Nachbarschaftshilfe. Sterbebegleitung kann jeder, der sich einlässt. Das ist nichts Besonderes. Wir Menschen haben zu allen Zeiten Sterbende begleitet, seit Anbeginn unserer Existenz.

Heute sind wir darin allerdings ziemlich ungeübt.

Was man schon daran erkennt, dass viele Menschen noch nie einen Toten gesehen haben. Das gilt manchmal auch für neue Ehrenamtliche. Nicht zuletzt deshalb bieten wir ihnen Praktika im Hospiz, auf der Palliativstation und beim ambulanten Pflegedienst an.

Bei der Begleitung sind sie dann auf sich allein gestellt.

Ja, aber sie haben die anderen Ehrenamtlichen als Unterstützung im Rücken. Wir wollen, dass ein Austausch entsteht. Alle zwei Wochen besprechen wir in der Runde unsere aktuellen Fälle. Jeder erzählt, was er erlebt hat. Es ist unbedingt nötig, dass dabei eine offene und vertrauensvolle Atmosphäre herrscht – trotz der Verschiedenheit der Ehrenamtlichen. Die Gruppe ist ein Spiegelbild der Gesellschaft. Unter den Mitgliedern sind Wohlhabende und Hartz IV-Empfänger. Wir haben Akademiker dabei und Menschen mit ganz handfesten Berufen, unkonventionelle Leute genauso wie eher konservative Vertreter. Diese Verschiedenheit zu akzeptieren, ist für den Einzelnen eine Herausforderung, aber wenn das in der Gruppe nicht funktioniert, funktioniert es auch bei der Begleitung nicht. Deshalb legen wir großen Wert darauf, dass Anderssein in Ordnung ist. Im Kreis der Ehrenamtlichen stehen sich manchmal völlig konträre Meinungen gegenüber, und die dürfen da auch stehen.

Die Sterbenden sind sicher ebenso unterschiedlich.
Deshalb sind wir Koordinatoren glücklich darüber, dass unsere Gruppe so bunt ist. Je größer die Vielfalt, desto mehr Auswahl haben wir.

Wonach gucken Sie, wenn Sie einen Ehrenamtlichen und einen Betroffenen zusammenbringen?
Ich führe immer ein Erstgespräch mit dem Betroffenen und versuche, ihn kennenzulernen. Welche Interessen hat er? Ist er eher ruhig oder erzählt er viel? Ist er ein Einzelgänger oder familienorientiert? Ich muss ein Gespür für diesen Menschen entwickeln. In den meisten Fällen taucht dann schnell das Bild eines Ehrenamtlichen vor mir auf, der dazu passen könnte. Wenn ein Patient künstlerisch angehaucht ist, weiß ich genau, welchen meiner Ehrenamtlichen ich zu ihm schicken kann. Wenn einer die Bundesliga verfolgt, fällt mir ebenfalls ein geeigneter Partner ein. Meistens passt es tatsächlich, in zehn Jahren habe ich nur zwei oder drei Mal daneben gelegen. Leider lässt sich manch-

mal nicht das Wunsch-Duo bilden, weil der fragliche Ehrenamtliche bereits anderweitig eingebunden ist. Insofern kommen durchaus auch ungewöhnliche Paarungen zustande. Menschen treffen aufeinander, die sich im normalen Leben wohl niemals begegnen würden. Da kann die Frau aus gutbürgerlichem Hause schon mal Sterbebegleitung bei einem Rocker machen.

Wie wichtig sind Religion und Glaube als Gemeinsamkeit? Für viele Menschen spielt Spiritualität am Ende des Lebens eine besondere Rolle, auch wenn das vorher gar nicht der Fall war.
Wenn ich mitbekomme, dass jemand besonders religiös ist, berücksichtige ich das. Schon allein deshalb, weil ein Gesprächsthema wegfällt, wenn ein gläubiger Mensch auf einen Sterbebegleiter trifft, der mit Religion nichts am Hut hat. Wenn der eine beten will, der andere aber damit nichts anzufangen weiß – das kann problematisch werden. Auch hier ist die Vielfalt der Gruppe von Vorteil. Atheisten gibt es darin ebenso wie Menschen, die sehr gläubig sind. Innerhalb der Gruppe achte ich allerdings darauf, dass Religion kein Thema ist, jedenfalls keines, das uns auseinander dividiert. Ob jemand glaubt oder nicht, ob er spirituell ist oder nicht, das ist für uns unerheblich.

Kommt es vor, dass eine Begleitung vorzeitig endet, weil es doch nicht gepasst hat?
Das kommt vor, auch wenn wir es natürlich vermeiden wollen. Deshalb der lange Vorlauf. Nachdem ich den Betroffenen kennengelernt habe, spreche ich einen Ehrenamtlichen an, der mir geeignet erscheint und der gerade »frei« ist. Ich erzähle ihm alles, was ich weiß, und frage ihn, ob er Interesse an der Begleitung hat. Sagt er zu, machen wir einen gemeinsamen Besuch bei dem Patienten. Ich stelle die beiden einander vor und warte ab, ob sie ins Gespräch kommen. Irgendwann ziehe ich mich zurück. Von da an ist der Ehrenamtliche selbst für den

Kontakt verantwortlich. Wenn es Schwierigkeiten gibt, komme ich klärend hinzu. Manchmal passt es eben einfach nicht.

Gibt es auch das Gegenteil – dass man fast zu sehr mit dem anderen fühlt, zu stark emotional involviert ist? Wie weit sollen die Ehrenamtlichen gehen, welchen Rat geben Sie ihnen mit auf den Weg?
Sich einlassen können – genau das ist die Stärke der Ehrenamtlichen. In dem Hilfsnetzwerk, das wir für den Betroffenen knüpfen, haben sie nicht die Rolle eines Professionellen, so wie Ärzte, Pfleger oder Therapeuten. Ihre Aufgabe ist eine ganz andere, sie geben sich ein. Das können sie nur, wenn sie gefestigt sind, und dann wissen sie auch, wo ihre Grenzen liegen. Viele sind tatsächlich stark involviert, oft ist am Ende viel Trauer da. Nach dem Tod eines zu Betreuenden haben die Ehrenamtlichen deshalb die Möglichkeit, eine Pause einzulegen, bevor sie eine neue Begleitung übernehmen.

Wie lang ist diese Karenzzeit in der Regel?
Das ist ganz unterschiedlich. Es gibt diejenigen, die sofort wieder eingesetzt werden möchten, und es gibt andere, die brauchen ein halbes Jahr, um eine neue Verbindung eingehen zu können. Das kommt auch darauf an, wie lang und intensiv die gemeinsame Zeit war. Es entsteht immer etwas zwischen den beiden Partnern, aber je nachdem, wie viele Tage, Wochen oder Monate man miteinander verbracht hat, ist das Verhältnis von unterschiedlicher Tiefe. Die kürzeste Begleitung, die ein Ehrenamtlicher bei uns erlebt hat, dauerte nur zwei Stunden. Das ist etwas anderes, als wenn man jemanden zwei Jahre lang begleitet. Es ist auch schon passiert, dass ein intensiver Kontakt bestand, und dann zog der zu Betreuende plötzlich weit weg, zu seinen Kindern nach Süddeutschland. Sich einzulassen und mit den Folgen zurechtzukommen, das ist die Kunst, die die Ehrenamtlichen beherrschen müssen.

Und die kann man schwerlich beibringen.

Als ich vor zehn Jahren anfing, dachte ich, ich müsste den Ehrenamtlichen vieles vorgeben, weil ich die Verantwortung trage. Sie haben mir schnell klar gemacht, dass sie sehr gut alleine wissen, wo es lang geht. Die Ehrenamtlichen haben meist ein ganzes Berufsleben hinter sich oder stehen noch mittendrin. Ein Großteil von ihnen ist verheiratet und hat Kinder großgezogen. Diese Menschen verfügen über viel Erfahrung, haben ihr Leben gut gemeistert. Wer also sollte ihnen beibringen, wie sie als Sterbebegleiter zu handeln haben? Was wir ihnen allerdings bieten, ist ein professioneller Rahmen. Neben der Fallbesprechung alle zwei Wochen haben sie rund um die Uhr die Möglichkeit, uns zu kontaktieren. Alle zwei Monate bekommen wir als Gruppe eine Supervision von außen. Das ist das unverzichtbare Netz, das alle trägt. Ein Ehrenamtlicher, bei dem die Begleitung schief läuft und der nicht aufgefangen wird, bricht uns weg, denn mit Ehrenamtlichen hat man keinen Vertrag. Das wäre zwar denkbar, aber ich wehre mich dagegen. Diese Menschen müssen das wollen. Ich kann keinen Ehrenamtlichen brauchen, der eine Begleitung aufgrund eines Vertrages macht.

Jeder entscheidet selbst, wie er die Begleitung gestaltet – was ist mit dem zeitlichen Umfang?
Da gilt das gleiche. Es gibt Ehrenamtliche, die den ganzen Tag Zeit haben, und es gibt andere, die berufstätig sind und nur vier Stunden in der Woche erübrigen können. Wir kümmern uns darum, das zu vereinbaren. Auch inhaltlich entscheidet jeder selbst, was er in welchem Umfang tut. Niemand muss zum Beispiel Aufgaben der Pflege übernehmen, auch wenn einige der Ehrenamtlichen das machen.

Kommt es vor, dass ein Ehrenamtlicher zwei Sterbende gleichzeitig begleitet?
Nur im Ausnahmefall. Schließlich kann es passieren, dass die beiden Menschen, die er betreut, gleichzeitig in die Sterbephase kommen

und entsprechend mehr Begleitung brauchen – was macht der Ehrenamtliche dann?

Und der andere Fall – zwei Ehrenamtliche teilen sich eine Begleitung? Wie wichtig ist es für den Betreuten, einen festen Ansprechpartner zu haben?
Wir haben durchaus schon Tandems gebildet, wenn es um eine besonders intensive Betreuung ganz am Lebensende geht. Dann ist Begleitung oft mehr, als einer alleine leisten kann und will. Kürzlich haben wir sogar eine Rund-um-die-Uhr-Begleitung organisiert, 15 Ehrenamtliche haben mitgemacht. Es war ein wahnsinniger logistischer Aufwand, die Schichten einzuteilen und zu besetzen. Der Sterbende durfte keinen Moment alleine sein, die Ehrenamtlichen mussten sich wirklich die Klinke in die Hand geben. Diesem Patienten war es enorm wichtig, zu Hause zu sterben. Wenn jemand keine Angehörigen mehr hat, ist das schwierig. Eigentlich hätte er ins Hospiz oder ins Pflegeheim gemusst. Mit Hilfe der Ehrenamtlichen geht häufig, was ohne sie nicht ginge. Für uns ist es schön, jemandem diesen letzten Wunsch erfüllen zu können. Das ist Selbstbestimmung am Lebensende.

Aber eben leider nur möglich durch ehrenamtlichen Einsatz.
Und zwar einen, der das übliche Maß deutlich überschreitet. Neulich brauchte ich am Freitagabend kurzfristig jemanden für eine Nachtwache. »Ich bin gerade auf dem Weg ins Theater«, sagte der Ehrenamtliche, den ich anrief, »aber danach komme ich.« Daran sieht man, was ich den Leuten abverlange – obwohl sie selbstverständlich auch immer Nein sagen können, das ist völlig in Ordnung.

Sie sprechen viel von Lebenserfahrung, und die Ehrenamtlichen in der Gruppe sind überwiegend älter. Kann ein junger Mensch das nicht-Sterbende begleiten?

Alter ist kein Kriterium. Ich bin dankbar für jeden Jüngeren, der zu uns kommt, schließlich sterben nicht nur ältere Patienten. Für einen 40-Jährigen ist es schön, wenn wir ihm jemanden in seinem Alter zur Seite stellen können. Das Problem ist oft die Berufstätigkeit. Dieses Ehrenamt neben einem Vollzeit-Job auszuüben, kann sehr schwierig werden, deshalb haben wir leider nur wenige Jüngere in der Gruppe. Mit Können hat das nichts zu tun, Lebenserfahrung kann man auch mit 20 haben. Wer sich uns anschließt, hat einen Grund dafür, der meistens aus eigenem Erleben herrührt. Es gibt keinen Ehrenamtlichen, der keinen Grund für diese Arbeit hat.

Welche Gründe sind das? Sie sprachen bereits den Verlust eines Angehörigen an. Ist es häufig so, dass Menschen sich als Ehrenamtliche bei Ihnen vorstellen, nachdem in ihrem eigenen Umfeld jemand gestorben ist?
Es gibt viele Gründe. Einige haben erlebt, wie gut eine Begleitung auf der Palliativstation oder im Hospiz gelaufen ist, und kommen deshalb zu uns. Andere dagegen berichten, dass es nicht gut gelaufen ist und dass sie es besser machen möchten. Es gibt diejenigen, die ein schlechtes Gewissen haben, weil sie glauben, beim Tod ihrer Frau oder ihres Mannes nicht richtig gehandelt zu haben. Der nächste hat viel Glück gehabt im Leben und möchte etwas zurückgeben. Wieder ein anderer hat immer viel gearbeitet und will als Rentner nicht ohne Aufgabe sein. Es gibt zahlreiche weitere Beweggründe. Und die Ehrenamtlichen geben ja nicht nur etwa, sie erhalten auch etwas zurück. Ich würde sogar sagen, man holt aus diesem Ehrenamt mehr heraus, als man hineingibt.

Nämlich?
Vor allem die Erkenntnis, dass man einem anderen Menschen unheimlich geholfen hat. Man kann noch so viel tun, selbst wenn jemand unheilbar krank ist. Man kann sich stark machen für jemanden. Die

Ehrenamtlichen bekommen noch manches mehr: Zeit, Anerkennung, Nähe, Vertrauen, Zustimmung, Erfahrung, Vorbilder.

Vorbilder für das eigene Sterben?
Ja. Auch das kann ein Motiv sein, warum jemand dieses Ehrenamt ausübt. Mancher kommt zu uns, weil er spürt, dass er älter wird und sich mit dem Sterben beschäftigen möchte. Er möchte gucken, möchte lernen. Im Kreis der Ehrenamtlichen ist das eigene Sterben natürlich ohnehin Thema, und diese Arbeit – egal ob haupt- oder ehrenamtlich – verändert uns. In einer Gesellschaft, in der das Sterben an den Rand gedrängt wird, haben wir hier die Möglichkeit, es in unsere Mitte zu holen und uns damit auseinanderzusetzen.

Wie wichtig ist es bei einer Sterbebegleitung, im eigentlichen Moment des Sterbens da zu sein?
Der Arzt Gian Domenico Borasio hat einmal gesagt: »Es ist nicht besonders schwierig, die letzten 24 Stunden im Leben eines Menschen friedlich und würdig zu gestalten. Schwierig und aufwendig ist es, die letzten 24 Monate lebenswert und beschwerdefrei zu gestalten.« Viele Menschen haben ein bestimmtes Bild vor Augen, wenn sie von Sterbebegleitung hören. Sie denken an jemanden, der am Bett eines Todkranken sitzt und ihm die Hand hält, wenn er seinen letzten Atemzug macht. Ehrlich gesagt hatten wir selbst eine ähnliche Vorstellung, als wir mit dieser Arbeit anfingen. Die Realität ist eine völlig andere. Natürlich kommt es vor, dass ein Ehrenamtlicher in der Todesstunde dabei ist, aber das ist nur ein Teil der Aufgabe. Sterben ist ein Prozess. Das Wichtigste für den zu Betreuenden sind die letzten Wochen und die Verbesserung der Lebensqualität in dieser Zeit. Das kann schlicht und einfach bedeuten, dass man mit ihm noch mal ein Bier trinken geht. Oder dass man ihn in den Rollstuhl packt und rausfährt an die Ruhr. Dass man einfach da ist und etwas vorliest, wenn der Betroffene es selbst nicht mehr kann. So wie das Leben bunt

ist, sind auch die letzten Tage bunt, und der Ehrenamtliche muss sich darauf einlassen.

Darf ein Sterbebegleiter Angst vorm Sterben haben?
Selbstverständlich. Vielleicht muss er das sogar. Wenn man erkennt, wie schnell das Leben zu Ende geht, erkennt man auch, was für ein Geschenk es ist. Sterbebegleiter haben ganz besonders viel Leben in sich.

Deklaration der Menschenrechte Sterbender

Ich habe das Recht,
- stets noch hoffen zu dürfen – worauf immer sich diese Hoffnung auch richten mag.
- von Menschen umsorgt zu werden, die sich eine hoffnungsvolle Einstellung zu bewahren vermögen – worauf immer sich diese Hoffnung auch richten mag.
- Gefühle und Emotionen anlässlich meines nahenden Todes auf die mir eigene Art und Weise ausdrücken zu dürfen.

Ich habe das Recht,
- kontinuierlich medizinisch und pflegerisch versorgt zu werden, auch wenn das Ziel »Heilung« gegen das Ziel »Wohlbefinden« ausgetauscht werden muss.
- nicht alleine zu sterben.
- schmerzfrei zu sein.
- meine Fragen ehrlich beantwortet zu bekommen.
- nicht getäuscht zu werden.

- von meiner Familie und für meine Familie Hilfen zu bekommen, damit ich meinen Tod annehmen kann.

Ich habe das Recht,
- in Friede und Würde zu sterben.
- meine Individualität zu bewahren und meiner Entscheidungen wegen nicht verurteilt zu werden, wenn diese im Widerspruch zu den Einstellungen anderer stehen.
- offen und ausführlich über meine religiösen und/oder spirituellen Erfahrungen zu sprechen, unabhängig davon, was diese für andere bedeuten.

Ich habe das Recht,
- zu erwarten, dass die Unverletzlichkeit des menschlichen Körpers nach dem Tode akzeptiert wird.
- von fürsorglichen, empfindsamen und klugen Menschen umsorgt zu werden, die sich bemühen, meine Bedürfnisse zu verstehen und die fähig sind, innere Befriedigung daraus zu gewinnen, dass sie mir helfen, meinem Tod entgegen zu sehen.

Die Deklaration der Menschenrechte Sterbender entstand 1975 in Lansing/Michigan (USA) bei einem Treffen unter dem Titel »Der Todkranke und der Helfer«.

Luftpost

Die Reise ist schon fast vorbei, und zu Hause warten sie immer noch auf Post. Was aber schreibt man von einer Reise wie dieser, wo fängt man an? So viele Eindrücke, so viele Gedanken – wie soll das alles auf eine kleine Ansichtskarte passen? Werden die anderen es begreifen können, wo sie doch gar nicht dabei waren? Kann ich es selbst überhaupt schon begreifen und in Worte fassen?

Nun, einen Versuch ist es wert. Weil Ansichtskarten wirklich verdammt klein sind, tut es wohl eher ein Brief. Und da Gedanken über die letzte Reise schwer zu ordnen sind, richtet sich der Brief zunächst am besten – an mich selbst. »Wenn ich sterbe, dann » Was möchte ich, wenn ich sterbe? Was möchte ich nicht? Was macht mir Angst, wenn ich ans Sterben denke? An welchem Ort möchte ich gerne sterben? Wer soll dabei sein? Was soll danach passieren? Wie könnte meine Beerdigung aussehen? Um wen mache ich mir Sorgen?

Vielleicht geht der Brief hinterher doch nicht nur an mich, sondern auch an jemanden, der mir wichtig ist. Und wer weiß, ob er nicht sogar zurück schreibt.

Dankeschön

Ein Dank geht an den Verein Menschenmögliches, der – getreu seinem Namen – dieses Buch möglich gemacht hat. Er hat das getan, weil er sich der palliativmedizinischen Idee, Menschen zu einem Leben und damit einem Sterben entsprechend ihrer unveräußerlichen Würde zu verhelfen, verpflichtet fühlt. Der Verein fördert Projekte zur Verankerung der Palliativbetreuung in Alten- und Pflegeheimen, etwa indem er die Kosten von Weiterbildungen übernimmt. Außerdem unterstützt er die pädagogische Begleitung von Kindern, Jugendlichen und jungen Erwachsenen, deren Leben durch die todbringende Erkrankung eines Familienmitgliedes überschattet ist. Menschenmögliches e. V. ist aus dem Kreis der Freunde und Förderer des Evangelischen Krankenhauses Huyssens-Stiftung in Essen entstanden. *www.menschenmoegliches.de*

Dank und Anerkennung verdienen auch all jene, die für dieses Buch ihre oftmals sehr persönlichen Geschichten mit einer Wildfremden geteilt haben. Ohne ihre Offenheit und ihr Vertrauen wäre die Autorin ziemlich aufgeschmissen gewesen. So standen am Ende viele bereichernde Gespräche mit Männern und Frauen, deren Beruf sie täglich mit dem Sterben konfrontiert, oder die selbst schwere Schicksalsschläge erlitten haben. Vor dieser geballten Begegnung mit Menschen, die so nah am Tod leben und arbeiten, kann man durchaus bange sein, muss man aber nicht. Meistens, so die Erfahrung, sind es ganz besonders tolle Menschen.

Ein spezieller Dank geht an Dr. Marianne Kloke und Freddy Fischer für die Ideengebung und die Hilfe bei der Umsetzung sowie an den Klartext Verlag, der auf Gewinne aus diesem Buchprojekt verzichtet.

Wer weiterhilft

Deutscher Hospiz- und PalliativVerband e. V. (DHPV)
Aachener Str. 5
10713 Berlin
Tel.: 030/82 007 580
www.dhpv.de

Der DHPV versteht sich als Interessenvertretung schwerstkranker und sterbender Menschen sowie der Hospiz- und Palliativeinrichtungen in Deutschland.

Deutsche Gesellschaft für Palliativmedizin e. V. (DGP)
Aachener Straße 5
10713 Berlin
Tel.: 030/81 82 6885
www.dgpalliativmedizin.de

In der DGP sind sowohl Ärzte als auch nicht-ärztliche Fachleute organisiert. Sie setzt sich unter anderem für die palliativmedizinische Ausbildung und verstärkte Forschung ein.

Deutsche Krebshilfe e. V.
Buschstraße 32
53113 Bonn
Telefon: 0228/72 99 00
www.krebshilfe.de

Die Krebshilfe unterstützt zahlreiche Projekte zu Prävention und Therapie von Krebserkrankungen. Sie setzt sich für die psychologische Begleitung der Betroffenen ein und fördert Ansätze zur Selbsthilfe.

Alpha NRW
Westfalen-Lippe:
Friedrich-Ebert-Straße 157–159
48153 Münster
Tel.: 0251/23 08 48

Rheinland:
Von-Hompesch-Straße 1
53123 Bonn
Tel.: 0228/74 65 47
www.alpha-nrw.de

Alpha NRW will helfen, die bestehenden Angebote und Einrichtungen im Zusammenhang mit Palliativversorgung und Hospizarbeit besser zu vernetzen, und neuen Initiativen den Anfang erleichtern.

DAS PROJEKT:

Schwere Last von kleinen Schultern nehmen

Warum ein spezielles Projekt?

Wenn ein Kind oder Jugendlicher oder junger Erwachsener in einer Familie mit einem schwer erkrankten Mitglied lebt, so stellt dieses für die gesamte Familie eine Herausforderung dar. Sie erfahren, dass Menschen, die Ihnen sonst Halt und Sicherheit gaben, auch mit Sorgen bedrückt sind; das Alltagsgefüge gerät aus den Fugen, Orientierung geht verloren.

Was sind die Ziele?

Wir wollen, dass:

— seelische Belastungen so klein wie möglich bleiben

— ein stützendes Miteinander in der Familie entsteht

— Kinder einen Raum für sich bekommen, in dem sie ihren Gefühlen und Bedürfnissen Ausdruck verleihen können

— die Heranwachsenden lernen, auch auf ihre eigenen Wünsche in dieser Situation zu achten

Wann ist eine Begleitung notwendig?

Die Reaktionen von Kindern und Jugendlichen können sehr unterschiedlich sein. Es gibt aber deutliche Signale, wenn Beratung und Unterstützung dringend geboten sind:

— das Verhalten weicht deutlich von dem sonst in Besorgnissituationen Üblichen ab

— es werden „scheinbar" keine Reaktionen gezeigt

— das Kind / der Jugendliche zieht sich zurück und versucht zu „funktionieren"

Welche Formen der Unterstützung gibt es?

— Einzelangebote für Eltern, Kinder und Jugendliche

— Familiengespräche

— Altersbezogene Gruppenangebote

Über welchen Zeitraum erstreckt sich das Angebot?

Die Spanne reicht von einer einmaligen Beratung bis zu einer mehrwöchigen Begleitung.

Was können Eltern und Großeltern tun?

Wenn Kinder so sein dürfen, wie sie sind, und in ihrem ganz eigenen Tempo und auf ihre Art und Weise lernen können, mit der schwierigen Situation umzugehen, bieten Sie Ihrem Kind / Enkel schon eine gute Möglichkeit der Unterstützung an. Falls Sie darüber hinaus fachliche Beratung und Hilfe in Anspruch nehmen möchten, wenden Sie sich bitte an:

MENSCHENMÖGLICHES

Kirsten Becker

T. (02 01) 174 - 24 366
F. (02 01) 174 - 24 350
ki.becker@kliniken-essen-mitte.de
www.menschenmögliches.de